VIDA DESPUÉS DE LA MUERTE

MARY T. BROWNE

VIDA DESPUÉS DE LA MUERTE

EDICIONES OBELISCO

Si este libro le ha interesado y desea que le mantengamos informado
de nuestras publicaciones, escríbanos indicándonos qué temas son de su interés
(Astrología, Autoayuda, Psicología, Artes Marciales, Naturismo,
Espiritualidad, Tradición…) y gustosamente le complaceremos.

Puede consultar nuestro catálogo en www.edicionesobelisco.com

Colección Nueva conciencia
Vida después de la muerte
Mary T. Browne

1.ª edición: junio de 1997
10.ª edición: octubre de 2022

Título original: *Life after Death*

Traducción: *Verónica d'Ornellas*
Corrección: *Sara Moreno*
Diseño de cubierta: *TsEdi, Teleservicios Editoriales, S. L.*

© 1994, Mary T. Brown
(Reservados todos los derechos)
© 2022, Ediciones Obelisco, S. L.
(Reservados los derechos para la presente edición)

Edita: Ediciones Obelisco, S. L.
Collita, 23-25. Pol. Ind. Molí de la Bastida
08191 Rubí - Barcelona - España
Tel. 93 309 85 25
E-mail: info@edicionesobelisco.com

ISBN: 978-84-9111-911-1
Depósito Legal: B-14.726-2022

Impreso en los talleres gráficos de Romanyà/Valls S. A.
Verdaguer, 1 - 08786 Capellades - Barcelona

Printed in Spain

«La Tierra es una escuela para el desarrollo del alma. Nuestros cuerpos son como la cajita azul de Tiffany que contiene un obsequio. Una vez que el regalo es retirado, la caja es desechada. El tesoro permanece».

MARY T. BROWNE

Este libro, está dedicado a la amorosa memoria de

Sir William, un maestro extraordinario
George Wehner, un gran psíquico
Gracia McQuillen, mi abuela
Katherine Carhart, mi querida amiga
Gloria Zemmerman, una gran dama
Nicholas Callie, mi amigo que fue como un hermano para mí
Robert F. Wood, mi querido amigo que fue un gran abogado
y a todos nuestros amigos y seres queridos que han regresado al hogar.

AGRADECIMIENTOS

A mi primera editora y querida amiga Julie Merberg, cuya visión y apoyo hicieron posible este proyecto.

A Virginia Faber, mi editora, que me hizo todas las preguntas correctas y compartió mi visión.

Mis agradecimientos a mi agente, Jan Miller.

A Marsha Losecar por mecanografiar incansablemente este documento.

A Joelle Delbourgo, editor en jefe, quien tuvo fe en este libro desde un principio.

Al amor y la inspiración que fluyen hacia mí a través de Margareta Overbeck e Ida MacGovern.

A Lawrence, para quien no encuentro palabras suficientes.

INTRODUCCIÓN

Nací con un don psíquico. Tuve mi primera experiencia psíquica a los siete años. A esa edad vi el espíritu de una mujer que había muerto. Aquella experiencia me pareció absolutamente natural y no me asustó en lo más mínimo. Le conté a mi abuela Grace lo que había presenciado y me sorprendió que me dijera que no hablara con nadie de lo que había sucedido. Me explicó que las personas a veces le temen aquello que no pueden ver. Continuó diciéndome que yo tenía un don muy especial y que había sido bendecida.

Hace doce años, comencé mi trabajo como psíquica profesional. Llevaba años trabajando de una manera informal para mis amigos y el boca a boca hizo que muchas personas que buscaban respuestas para su propia vida fueran llegando a mí. Yo trabajaba como actriz y cantante, pero al ver que la demanda por mis servicios como psíquica crecía, abandoné el teatro.

Desde entonces, más de cinco mil personas han asistido a mis sesiones privadas. Tanto si se trata de un agente de bolsa de Wall Street, de una mecanógrafa, de un actor ganador de un Óscar, de una operadora telefónica, de un estudiante o de un psiquiatra, todos tienen una cosa en común: están interesados en el punto de vista metafísico. Uno de los temas de discusión más frecuentes entre mis clientes es la muerte; no en un sentido mórbido, sino desde una perspectiva metafísica.

Hemos oído diferentes relatos acerca de la vida después de la muerte provenientes de distintas fuentes. Algunas personas han tenido experiencias cercanas a la muerte. Los médiums dotados con la capacidad de canalizar mensajes de aquellos que han partido también transmiten información acerca de la vida después de la muerte.

Personalmente, no he tenido ninguna experiencia cercana a la muerte ni me considero un canal. Mis percepciones provienen de los dones sagrados de la clarividencia y la clariaudiencia, los cuales me han permitido ver almas que ya han partido y recibir mensajes de ellas.

He visto imágenes nítidas del más allá (el lugar en el que residimos cuando la vida se acaba) desde una temprana edad. Los mensajes del más allá me han sido enviados de diversas maneras. A menudo soy capaz de concentrarme en la pantalla astral utilizando una forma de concentración psíquica que me permite romper la barrera entre la Tierra y los espíritus. En esta pantalla me son mostradas imágenes precisas del mundo del espíritu y puedo ver a sus habitantes. En este proceso soy asistida por mi espíritu guía, Pluma Blanca. He recibido la visita de muchos espíritus de los difuntos. No intento hacer regresar a nadie a la Tierra; los espíritus escogen visitarme. También he recibido mensajes de una serie de personas que han tenido experiencias cercanas a la muerte y han regresado a la vida física con comunicaciones para mí de amigos y maestros en espíritu. Éstas han sido una gran ayuda y un gran consuelo para mí.

He realizado un trabajo extenso con los muertos, pero más extenso aún con los vivos. Mi vida no consiste en una conversación diaria con los espíritus, ni en un estado de trance continuo, contemplando durante horas los reinos del espíritu. Mi capacidad de ver el más allá es una parte importante de mi trabajo, pero paso la mayor parte del tiempo concentrada en esta vida y en los problemas que la gente tiene aquí y ahora.

La llave de la felicidad está en comprender la continuidad de la vida. No morimos, pasamos al otro lado. Dejamos de lado nuestro cuerpo físico como quien deja de lado un traje viejo. El espíritu se traslada al plano astral, al mundo del espíritu. El alma descansa hasta que llega el momento de reunir más experiencias. Entonces renacemos en la Tierra, que es la escuela para el desarrollo del alma. Regresamos a la Tierra hasta que nos graduamos. Cada acto que realizamos afecta no solamente a esta vida, sino también a todas las vidas venideras. Todo el mundo vive en el lugar que se ha ganado por sus acciones. Esto es cierto tanto en la Tierra como en el mundo del espíritu.

He escogido relatar mi experiencia con la vida después de la muerte para ayudaros a superar el miedo a la muerte y para que podáis regocijaros en la sacralidad de esta vida. Los escépticos tendrán problemas para comprender algo que no es ni físico ni lógico. Se preguntarán cómo puedo estar tan segura de que existe una vida después de la muerte. Sólo puedo decir que sé lo que he visto.

¿Acaso cuestionamos al médico que le diagnostica una alergia a un paciente? Él sabe lo que ha visto. La experiencia le ha enseñado a reconocer una alergia. La experiencia me ha enseñado a reconocer el más allá.

Un fino velo separa al mundo físico del mundo espiritual, y la mayor parte de la humanidad no posee el sentido psíquico para ver más allá del velo. No soy la única persona en el mundo que posee esta habilidad. Ha habido muchos psíquicos y videntes a lo largo de la historia y muchos viven en la actualidad.

Sólo puedo contaros lo que he visto y oído del otro mundo. He construido esta visión de la vida después de la muerte mediante numerosas visiones en la pantalla astral a lo largo de treinta años, con relatos que he recibido de mis espíritus guías y amigos, y con mensajes que me han traído personas que han sobrevivido a experiencias cercanas a la muerte. Basándome en lo que he visto y he aprendido, espero poder daros una imagen clara del más allá. Al examinar esta imagen, os daréis cuenta de que éste no es un libro sobre la muerte, sino sobre la vida, la vida en ambos lados.

Capítulo 1

LA TRANSICIÓN

Un hecho inevitable en nuestra vida es que moriremos o, como yo prefiero decirlo, «pasaremos» del mundo físico al mundo espiritual o plano astral. La transición del reino físico al del espíritu no es un final; es una transformación a otro estado de consciencia. En lugar de limitarnos a pensar en un nivel físico material, nos expandimos hasta llenar un reino espiritual que no tiene fronteras. Una vez que nos liberamos del cuerpo físico y ya no nos consumen las necesidades de este mundo físico, podemos elevarnos hacia nuevas alturas del aprendizaje.

¡Piénsalo! ¿Cuántas horas al día dedicamos al cuidado de nuestro cuerpo? Debemos alimentarlo, lavarlo, ganar dinero para alojarlo, vestirlo, etc. El solo hecho de dormir nos ocupa un tercio de nuestro tiempo. Si no cuidamos nuestro cuerpo adecuadamente, empieza a deteriorarse. La enfermedad lo invade y reparar el daño puede tomar una gran cantidad de tiempo y energía. El cuerpo es una máquina divina, una máquina tan compleja que la humanidad aún está aprendiendo a cuidarla adecuadamente.

La palabra sánscrita *maya*, que describe la vida física, significa «ilusión». La filosofía hindú nos enseña que la realidad es todo aquello que es indestructible y eterno. Todo aquello que es capaz de cambiar y decaer, y que tiene un principio y un final, es percibido como maya. Sencillamente, las cosas no siempre son lo que parecen. Un proverbio chino nos advierte que no debemos juzgar la casa por su hermosa pintura. La ilusión externa nos lleva a creer que encontraremos una estructura sólida. La experiencia nos enseña que eso no es cierto. Al confundir la fachada con la realidad, nos encontramos en un estado de maya. Creer que la vida física es la única forma de existencia es una ilusión. Pensar que morimos cuando la vida física acaba es la mayor de todas las ilusiones.

Qué sucede en el momento de la muerte

Existen muchos relatos escritos sobre experiencias cercanas a la muerte. El denominador común es que las personas que tienen estas experiencias regresan para contarlo. Llegan a la frontera sin pasaporte y la oficina de inmigración los envía de regreso por no tener los documentos apropiados.

Durante su corta visita, son capaces de sentir las vibraciones de esta nueva Tierra. Pueden ver a muchos de sus residentes, descubrir nuevos olores y percibir un entorno diferente. Se sienten fascinados, luego decepcionados porque no se les permite quedarse en ese momento.

La muerte física es nuestro pasaporte a la nueva Tierra. La vida como espíritus está gobernada de una forma absolutamente democrática. Uno llega al reino que se ha ganado por sus propios méritos. El dinero y las conexiones que uno tenga en el mundo físico no tienen ningún poder en esta Tierra. Tu naturaleza es tu posición. La sabiduría que has obtenido en tu encarnación terrenal puede pavimentar el camino hacia la dicha. No hay ninguna diferencia si fuiste el presidente o el cajero de un banco en el mundo físico. Lo que importa es la calidad de tu vida en la Tierra. Debemos prepararnos para este viaje viviendo en la Tierra con dignidad, integridad, servicio, amor y sentido del humor.

Para ponerlo de la manera más sencilla: en el momento de la muerte el cuerpo espiritual sale de la maleta física. Un cordón plateado une el cuerpo físico al cuerpo astral de una forma muy similar a como el cordón umbilical conecta al bebé con su madre. Cuando llega el momento del tránsito, este cordón se rompe. En las experiencias cercanas a la muerte esto no sucede; el cuerpo espiritual se separa parcialmente del físico, pero los cuerpos físico y astral permanecen conectados. El espíritu flota por encima del cuerpo físico y observa lo que sucede a su alrededor. Mis clientes a menudo cuentan haber tenido esta experiencia después de una operación o en el momento de un accidente grave, situaciones que llamarnos de vida o muerte. Normalmente, oyen a alguien declararlos muertos, ya sea un médico en la sala de emergencias o un policía en el lugar del accidente. Sienten que flotan, se ven a sí mismos en la mesa de operaciones o en una camilla y observan la actividad en torno a su cuerpo físico. Fuera de su cuerpo, pero aún en el reino físico, pueden oír a las personas que intentan ayudarlos. A continuación, parecen entrar en un túnel al final del cual una hermosa luz los envuelve. Las palabras no pueden expresar la emoción que el alma siente en esta sagrada vibración. Parientes y amigos los esperan en la frontera para hablar con ellos. Se les comunica que aún no ha llegado el momento del tránsito. Las almas que no han finalizado su encarnación terrenal deben regresar a la vida física. Aún queda trabajo por hacer.

Casi todo el mundo que ha tenido una experiencia cercana a la muerte retorna al cuerpo rápidamente. No tienen tiempo de visitar los reinos del espíritu, pero a algunas personas se les permite ver parte de ese mundo. Más adelante escucharemos algunos de estos relatos. Invariablemente, nadie desea regresar a la vida terrenal. ¿No es interesante? Si la muerte es tan terrible y aterradora, ¿por qué las personas que han visto el otro lado nos cuentan todas lo mismo? «Fue una experiencia maravillosa», «Nunca había sentido tanta seguridad y tanta paz», «No cabe duda de que hay una vida después de la muerte».

Las personas que han tenido una experiencia cercana a la muerte nunca vuelven a ser las mismas. Adquieren una nueva sensación de libertad porque le han perdido el miedo a la muerte. Comprenden lo sagrado de la vida y ésta adquiere un significado aún más profundo. Toman consciencia de que el propósito de nuestra vida en la Tierra es aprender, crecer, mejorar y servir a los demás.

Siempre que escucho estas historias, me viene a la mente este fragmento del salmo 23:

«Aunque transite por el valle de la sombra de la muerte, no temeré ningún mal».

¿No podría ser que «el valle» fuera el túnel por el que pasaron aquellos que casi murieron?

No estarás solo

A pesar de la promesa de una vida posterior dichosa, muchos seres humanos le temen al viaje desde la Tierra hacia el espíritu. La idea de separarnos de nuestros amigos y parientes o de perdernos los placeres de la vida es inconcebible. Por favor, consuélate sabiendo que nadie se va de la Tierra solo. En el instante en el que tu espíritu empiece a abandonar el cuerpo, verás a alguien en una penumbra extendiendo una mano para ayudarte a cruzar la frontera. Será la imagen nítida de un ser querido que se ha ido antes que tú. En el caso poco frecuente de que nadie cercano a ti haya partido, un espíritu entrenado para asistir a la gente en esta transición estará contigo.

Yo he estado junto al lecho de muchas personas momentos antes de que partieran. Siempre sé que el momento está cerca cuando me empiezan a decir que están viendo gente que ha partido con anterioridad. En ocasiones tienen largas conversaciones con su madre, con una abuela o con otros seres queridos.

Si uno no está familiarizado con el mundo metafísico, es fácil asumir que la persona enferma está teniendo una reacción a los medicamentos o una alucinación. Os aseguro que no es así. Sencillamente, el cuerpo espiritual está empezando a hacer la transición. El paciente puede, genuinamente, ver a los espíritus que lo están esperando. Estando a medias en la Tierra y a medias en el mundo del espíritu, la persona agonizante empieza a relacionarse con ambos mundos. De la misma manera que el nacimiento de un alma toma un tiempo, también toma tiempo abandonar la Tierra. La muerte es el nacimiento en el reino del espíritu.

— NICKY —

Mi teléfono permanecía junto a mi cama por si mi querido amigo Nicky necesitaba hablar conmigo. Él y yo vivíamos en distintas ciudades y no nos veíamos a diario. Nicky había estado gravemente enfermo durante un tiempo y nosotros, sus amigos y su familia, sabíamos que no viviría mucho tiempo. Había salido del hospital y vivía con su hermana. A medida que se iba debilitando cada vez más, solía llamarme y decir: «Nana está aquí». Su abuela, «Nana», había muerto hacía unos pocos años. Habían estado muy unidos y él la echaba mucho de menos.

Diez días antes de que él partiera, mi teléfono sonó a las tres de la madrugada.

—¿Qué haces? –preguntó

—Esperaba tu llamada –bromeé.

—Nana está aquí, pero no lo suficientemente cerca. –Parecía estar un poco agitado.

—¿Te está diciendo algo, Nicky?

—No, sólo está aquí. Me gustaría que se acercara más. Me alegra mucho verla.

—No te preocupes –lo consolé–, ella se acercará muy pronto.

—Está bien –dijo–, eso es todo, adiós.

Supe que su hora se acercaba y quedé para visitarlo en casa de su hermana.

En mi último día con Nicky en este lado de la vida hablamos durante siete horas. Se encontraba muy debilitado y yacía en el sofá, tomándome de la mano. La enfermedad había afectado a su cuerpo. Estaba delgado y pálido, y aparentaba más que sus cuarenta años, pero aún conservaba un maravilloso sentido del humor. Con su talento para las bromas podía hacer que incluso la situación más horrible resultara increíblemente cómica. Aquel día no fue una excepción.

—Bueno, si sólo los buenos mueren, supongo que nunca conseguiré salir de aquí –bromeó.

Le expliqué a Nicky que los griegos habían acuñado aquella frase como un cumplido. Los griegos sabían que tras la muerte el alma se desplazaba a un plano más alto de la existencia y sentían que morir joven significaba que habías completado tu tarea en la Tierra.

Se puso serio y dijo:

—Cuéntamelo otra vez, Mary, ¿qué pasará cuando abandone este cuerpo?

—Piensa en la cajita azul de Tiffany –le dije–. En su interior hay un regalo muy especial. La caja es hermosa, pero una vez que has retirado el regalo ya no la necesitas. Tiras la caja a la basura, pero su contenido permanece intacto. Tu cuerpo físico es la caja. Tu cuerpo espiritual es lo que hay dentro de ella.

»Cuando llegue tu hora, sentirás que flotas por encima de tu cuerpo físico. Nana estará tan cerca que podrás ver su mano extenderse hacia ti. Extenderás la tuya y no te sentirás solo. Contemplarás tu pobre cuerpo enfermo y sentirás un sorprendente alivio, una libertad total. Todo dolor físico y todo temor te abandonarán en ese instante. Será fascinante observar tu cuerpo físico y tener la certeza de que ése no es tu verdadero yo. Las voces de los que te rodean en el plano físico se irán apagando. Verás sus reacciones. Por un instante querrás asegurarles que todo está bien; sin embargo, comprenderás que con el tiempo ellos también sentirán esta armonía. Una vez que se haya roto el cordón plateado que mantiene unidos a los cuerpos físico y espiritual, atravesarás un espacio oscuro (pero no atemorizante) y tranquilo. Al final de este túnel habrá una hermosa luz. Te desplazarás hacia la luz. Nana y otros amigos que se han ido antes que tú te recibirán en la frontera. Pasando la frontera existe un mundo de increíble belleza. Tú, Nicky, eres afortunado, ya que ya eres consciente de la vida después de la muerte. Tus estudios metafísicos te han preparado para este viaje. Aclararás muy rápido.

«Aclarar» significa abandonar toda atadura con el plano terrestre. La fe y la educación facilitan la transición. No es indispensable comprender la metafísica, pero ayuda. Cualquiera que haya vivido una buena vida, también aclarará sin problemas.

—Tus espíritus amigos se regocijarán –continué–. No estarán vestidos de negro. El negro se reserva para aquéllos en la Tierra que todavía ven esta transformación como algo deprimente y trágico.

»Durante un breve período sentirás las vibraciones de tristeza de tus amigos de la Tierra. Tendrás simpatía por su pena, pero sin sentimiento. Saber que esa pena es normal y que es una parte necesaria de la vida impedirá que te preocupes de sus reacciones.

Viendo la vida pasar ante ti

—Una vez haya concluido la transición, todos los acontecimientos de tu vida pasarán ante ti rápidamente, como en una pantalla de cine. Repasarás cada episodio de tu vida desde el momento de tu nacimiento.

—Oh, no –intervino Nicky–. Ésa es la parte que no soporto. ¿Por qué tienen que recordarte todo aquello que te ha costado tanto trabajo olvidar? Contemplar la parte de mi vida anterior a que comprendiera lo sagrado de ella me resulta intolerable. Hice muchas cosas de las que no estoy orgulloso.

Es importante entender que el ser espiritual no juzga, observa. Se enfrenta a los hechos. Esto no es una investigación. Es un reconocimiento de acciones. Al darte cuenta de que el propósito de tu vida es el crecimiento, dejas de sentir culpabilidad. Nicky podía ver claramente el progreso que había hecho en su vida y yo estaba convencida de que eso lo haría muy feliz.

Por supuesto que existen hechos en nuestra vida que nos gustaría cambiar. Tenemos toda la eternidad para mejorar. La filosofía de la reencarnación nos enseña que vivimos no una, sino muchas vidas. Retornaremos a la Tierra hasta que nos hayamos perfeccionado. El alma renace en un nuevo cuerpo con el fin de obtener experiencias. Sólo nos queda hacerlo lo mejor que podamos, y lo que es lo mejor para nosotros evoluciona a medida que aprendemos. La vida física te brinda la oportunidad de evolucionar. Sí, es esencial tomar consciencia de que todos nuestros actos son nuestra responsabilidad personal. Somos responsables de cada pensamiento y cada acto. Saberlo nos ayudará a pensar antes de actuar o reaccionar. Saber que tendremos la oportunidad de volver a vivir nos ayuda a dejar ir la culpa por nuestros errores pasados.

Le aseguré a Nicky:

—Una vez que estés al otro lado, verás que has vivido una vida de gran servicio a mucha gente. No importa que hayas cometido errores, no debes ser tan duro contigo mismo.

Nicky había evolucionado considerablemente desde nuestro primer encuentro diez años atrás. Era como si hubiese vivido dos vidas en una misma encarnación física. Cuando lo conocí se sentía perdido. La vida parecía tener muy poco sentido para él. En su juventud había buscado un escape al dolor que le causaba su naturaleza sensible, pero huir de sí mismo no le dio paz. La búsqueda de placer físico lo dejó vacío.

Existe un dicho: «Cuando el alumno está preparado, el maestro aparece». Tuve el privilegio de ser la primera maestra de Nicky y más tarde su amiga. Lo introduje a la filosofía de la reencarnación y la ley del karma. Recibió las enseñanzas con pasión y con una comprensión profunda. La consciencia de la continuidad de la vida (la reencarnación) y la explicación de que las aparentes injusticias son a menudo el resultado de un karma pasado (la ley de causa y efecto) le dieron un nuevo sentido a su vida. Finalmente todo tenía sentido. Nicky encontró paz en el conocimiento, lo cual le condujo hacia el servicio. Si comprendemos verdaderamente estas enseñanzas, se hace evidente que sólo es posible obtener la felicidad mediante el servicio a los demás. Estudió y se convirtió en terapeuta. Ayudar a otros resultó ser su pasión y su alegría.

Al contemplarlo ahora, me consoló el comprender la verdad de la frase: «No importa cuántos años vivas, lo que importa es cómo los vivas».

Cuando nos abrazamos en aquel último día, ambos sabíamos que nos volveríamos a encontrar al otro lado de la vida. También sabíamos que estaríamos en contacto. No era el final de nuestra amistad. Era simplemente un cambio, tan natural como la progresión del día a la noche.

—Te veré cuando llegue ahí –rio.

Yo sabía que aquello era verdad. Mi don de la clarividencia me permitiría ver el espíritu de Nicky. No tenía necesidad de comunicarme con él. No me hubiera gustado atraerlo hacia la Tierra. Respeto el derecho de las personas a descansar en paz.

Cuando nos apenamos demasiado por la muerte de nuestros seres queridos interferimos con su capacidad de desprenderse del mundo físico. Nicky y yo ya habíamos hablado de esto. Me aseguró que vendría a mí sólo si le era necesario y cuando lo encontrara conveniente. Conociendo a mi amigo, sabía que estaría tan ocupado explorando la nueva vida que le quedaría muy poco tiempo para pensar en el mundo físico. Si sucedía algo que él quisiera compartir conmigo, recibiría su comunicación.

Diez días más tarde Nicky sufrió un infarto leve. Me llamó el jueves desde el hospital y dijo:

—Te quiero.

—Yo también te quiero –le respondí.

—Nana parece estar más cerca. La veo con bastante claridad.

—Dale mi amor –repliqué.

—Tengo que colgar. Adiós.

Ésas fueron las últimas palabras que me dijo. El viernes por la mañana, mientras sus padres entraban en su habitación, suspiró y nos dejó.

¿Qué aspecto tiene el mundo del espíritu?

Mi primera imagen clara del más allá me llegó cuando yo tenía diez años. Estaba sentada en un monte que se encontraba detrás de la escuela secundaria de mi pueblo en Iowa, contemplando el cielo, cuando vi algo que se parecía a una gran pantalla de cine descender delante de mí. En la pantalla se proyectaba la nítida imagen de un mundo de vibrantes colores, con personas con túnicas que flotaban. Parecían calmados, pero al mismo tiempo parecían estar muy ocupados. Un enorme nativo americano estaba en el centro de la imagen con los brazos cruzados (años después supe que era mi guía espiritual, Pluma Blanca). Las personas se movían hacia una inmensa estructura iluminada que parecía una iglesia o un templo.

Jamás había visto en el mundo físico colores comparables a los que vi en aquella pantalla. Pluma Blanca me miró, asintió y la imagen desapareció. Éste fue el principio de mi conexión clarividente con el otro lado. A medida que esta experiencia se hacía cada vez más frecuente con el pasar de los años, la conexión se tornaba más sólida.

La idea de las almas vistiendo túnicas concuerda con la idea de los ángeles. A algunos les parecerá una fantasía. Baste decir que en el mundo del espíritu predomina el sentido común. Las túnicas son más cómodas que los tejanos, de manera que la mayoría las lleva. Cuando los espíritus vienen a traernos un mensaje, normalmente llevan ropa que sus seres queridos puedan reconocer. Concluida la visita, se vuelven a poner su ropa cómoda.

A los espíritus les parece ridículo pensar que alguna vez hayan vestido zapatos de tacón, medias de nailon, o traje y corbata. El cuerpo espiritual respira y se mueve libremente con las túnicas.

En espíritu nos liberamos de todo problema físico; nadie en el mundo del espíritu necesita gafas para ver ni muletas para caminar. El cuerpo es un todo y tiene una salud perfecta.

El cuerpo físico envejece, no así el cuerpo espiritual. Cuando ves a una persona que ha muerto mayor, parece estar en la flor de la vida. Todos los espíritus aparentan tener aproximadamente unos treinta y cinco años, edad que se considera perfecta, anterior al inicio del deterioro del cuerpo. Ante la ausencia de cualquier tipo de estrés físico, la persona recupera gradualmente el equilibrio emocional perfecto. Parte de este equilibrio se manifiesta en una renovada juventud.

Los bebés y los niños

Los padres que han perdido a un hijo me preguntan: «¿Reconoceré a mi bebé cuando yo muera? Si el niño crece, ¿cómo puedo estar seguro de que se trata de él?».

El hijo estará esperando a sus padres cuando éstos mueran. Él se presentará a sus padres. El reconocimiento será inmediato, sin importar la edad del hijo. Muchas veces los padres establecen contacto con un hijo mientras duermen. Incluso si no lo recuerdan mientras están en la Tierra, lo recordarán siendo espíritu.

Cuando el alma de un niño se reencarna antes de la muerte de sus padres, se les dice dónde se encuentra y por qué el alma del niño ha tenido que regresar a la Tierra en ese momento preciso. Existen espíritus terapeutas entrenados que hablarán con los padres para ayudarlos a dejar salir los sentimientos de pérdida y pena.

Los padres espíritu comprenden que ellos han creado el cuerpo, no el alma de sus hijos. El alma es eterna y debe seguir adelante con su vida. Los padres son guardianes temporales.

El espíritu niñera

No es inusual que los espíritus transmitan mensajes durante el sueño. Se sabe que los médiums hablan en sueños o en trance. Los oráculos griegos de Delfos inducían estados similares al sueño con vapores. Los nativos americanos utilizaban la hipnosis, la música y otros rituales para provocar visiones. Durante el sueño, el cuerpo se relaja y se descarga de las preocupaciones cotidianas. Es más fácil abrirse al mundo del espíritu en esos momentos. Durante el sueño, el cuerpo astral flota por encima del cuerpo físico. El cordón magnético que une a los dos cuerpos mantiene la conexión física estable.

Sin embargo, la mayor parte de los sueños son psicológicos, no psíquicos. La única manera de saber qué tipo de sueño ha experimentado uno es mediante la observación y el estudio. Escribe tus sueños y observa si te están proporcionando mensajes psíquicos. El tiempo dirá si una predicción se ha cumplido. Desde una muy temprana infancia yo he recibido mensajes claros mientras dormía. No todos mis sueños son psíquicos, pero he aprendido a reconocerlos. La paciencia y el discernimiento me han guiado muy bien en este proceso.

— KATHY —

Mi amiga Kathy falleció en 1988. Se me ha aparecido en sueños en tres ocasiones. Kathy llegó a mí en el primer sueño dos días después de morir. Como aún se estaba recuperando de lo agotador de su lucha contra el cáncer, se quedó sólo un momento, lo suficiente para hacerme saber que estaba descansando en un hospital. Su madre la estaba cuidando. Te sorprenderá saber que hay hospitales al otro lado. Son lugares para el reposo, no para tratamiento médico. Si una persona ha tenido una enfermedad agotadora, a menudo necesita un breve período de descanso para recargar al cuerpo astral. Se necesita una gran cantidad de energía para abandonar el plano de la Tierra. El descanso repone la energía.

En el segundo sueño, que llegó un año más tarde, Kathy me contó entusiasmada cuál era su nueva misión. La habían puesto a cargo de un grupo de bebés.

«Soy lo que se conoce como un espíritu niñera», me contó orgullosa. Estaba radiante y su risa era contagiosa. En la vida física, Kathy había sido enfermera titulada y comadrona. Adoraba a los niños. No existía nadie más idóneo para este trabajo. Trataría a todos los bebés a su cargo como si fueran suyos.

Hace unos pocos meses apareció en un tercer sueño para ponerme al día sobre su trabajo con los niños. Todo iba bien. Los bebés crecían rápidamente, preparándose para sus vidas futuras en la Tierra. Me llevó a ver la guardería. Era encantadora. Había hermosos murales con las canciones infantiles de Mamá Gansa pintados en las paredes. Estos murales parecían estar vivos.

No se oía ningún llanto en el reino del espíritu. Los niños cantaban canciones y reían. Era una visión impresionante.

Estoy segura de que cualquiera cuyo hijo haya fallecido en la infancia estaría emocionado de saber el cuidado que se le ha dado a su alma.

— LA INCREÍBLE GRACIA —

Mi abuela Gracia vivió en el mundo físico hasta la madura edad de noventa y seis años. Se convirtió en espíritu el 14 de octubre de 1990. La llamé el 5 de octubre por su cumpleaños.

—Feliz cumpleaños, abuela –le dije.

—Éste será mi último cumpleaños, Mary –replicó.

—¿Cómo lo sabes?

—Simplemente lo sé. Tú mejor que nadie deberías entenderlo. Te quiero y te veré en el cielo.

Nueve días después de esta conversación, Gracia murió mientras dormía. Durante el año anterior a su muerte, mi abuela había estado muy confundida. Cuando yo la llamaba ella pensaba que se trataba de mi madre o de mi hermana. Pero la última vez que hablé con ella tenía la mente más clara que el agua.

Abuela Gracia nunca le había temido a la muerte. Hablaba de ella con mucha naturalidad. No era una psíquica y nunca pensó de una forma metafísica. El sentido común reinaba en su hogar.

No vi a mi abuela como espíritu hasta enero de 1993. Vino a mí en un sueño, sentada en una silla verde que había estado frente a una ventana en su casa de Iowa.

—Abuela –le pregunté–, ¿por qué estás sentada en esa vieja silla verde? Hay muchas cosas para ver en el mundo del espíritu y tú te lo estás perdiendo. ¿No quieres ver los jardines o las galerías de arte?

—Puedo ver todo lo que quiero desde aquí. Siempre me gustó esta silla. Me encanta mirar a la gente pasar. Tu tía May me me visitó hace un momento. No se quedó mucho rato. Está ocupada yendo de aquí para allá, como siempre. Mayme nunca ha podido quedarse quieta. (Mayme es la hermana gemela de mi abuela).

Mi hermana Sheila y yo fuimos criadas por mi abuela Gracia. Cuando éramos pequeñas siempre la veíamos sentada en su silla, mirando por la ventana. Trabajaba duro como enfermera y cuidando de nosotras. Tenía un jardín maravilloso y pasaba muchas horas felices trabajando en él. Solía relajarse sentada en su silla verde, mirando el mundo desde su ventana. A menudo nos decía que cuando muriera (siempre utilizaba este término) descansaría en su silla verde todo el tiempo que quisiera. Para ella, eso era el cielo.

Sin ninguna necesidad de explorar el mundo del espíritu, abuela Gracia parecía absolutamente feliz. Su rostro parecía el de una mujer de treinta y cinco años, sin una sola arruga.

—Tu tío Dick viene a verme todos los días. Es un hijo maravilloso.

Mi tío había pasado a mejor vida unos años antes que mi abuela y esta pérdida la había dejado con el corazón destrozado. Ahora estaban juntos y supe que abuela Gracia estaba bien. A continuación mencionó los nombres de todos sus amigos que la acompañaban y me contó lo que hacían. Charlando, parecía ser la misma mujer que solía recibirme cuando corría a casa después del colegio, transmitiéndome aquella gran sensación de calidez al saber que la encontraría sentada en su silla verde junto a la ventana. Al despertar de este sueño, supe positivamente que ella estaría sentada ahí, esperándome, cuando me llegara el momento de partir hacia el mundo del espíritu.

Cómo podemos ayudar a la gente a efectuar la transición

La educación te libera del miedo. Mi instrucción se inició en la funeraria de mi tía abuela.

Un día, ella tenía recados que hacer y no podía dejar el lugar sin atención, de manera que me enviaron a mí para que contestara el teléfono. Me tomé este trabajo muy en serio; me senté junto al teléfono, mirándolo fijamente, esperando que sonara. Al poco tiempo me aburrí y decidí echarle un vistazo al lugar.

Me sentí atraída hacia una habitación que se encontraba a la izquierda del recibidor. Más tarde, estaba previsto que hubiera un velatorio en ese mismo lugar. De pronto, vi un ramo de rosas y lilas que flotaba en el aire. Recuerdo que abrí y cerré los ojos creyendo que de esa forma la aparición se desvanecería. Las flores continuaron flotando. Entonces vi la silueta casi imperceptible de una mujer que sostenía el buqué. Esbozó una sonrisa radiante y me saludó con la mano. Luego colocó las flores junto al féretro y desapareció. Al entrar en la habitación observé que la mujer que yacía en el cajón era la misma que había sostenido el ramo en sus manos. No tuve miedo. Me había sido confirmado que la muerte no era más que una fantasía.

¡Vaya regalo! A partir de aquel día tuve la certeza de que nada muere. La terminación del cuerpo físico es un tránsito. Es un cambio. Abandonar lo físico es una metamorfosis, no una terminación.

El cambio a menudo asusta a las personas. Empezar un nuevo trabajo, mudarse a una casa nueva, iniciar una nueva relación, todo nos llena de aprehensión. El miedo desaparece cuando nos adaptamos al cambio.

Los predicadores que golpean el podio exclamando que nos condenaremos en la eternidad no han sido de mucha ayuda. Han instaurado el miedo. Simples errores humanos han sido descritos como pecados mortales. La muerte ha sido denominada el juicio final o la segadora inexorable.

Los padres les mienten a los niños acerca de la muerte. Creen que al hablar de ella en susurros o al dejar de mencionarla los protegen.

La muerte no debería ser un secreto. Debería hablarse de ella de una forma abierta, amorosa y hermosa. Así como les enseñamos a nuestros hijos modales y la diferencia entre el bien y el mal, también deberíamos enseñarles a no temer a la muerte. Saber que el cambio precede al crecimiento es una lección que los ayudará en diferentes áreas de la vida. Contemplar la muerte como un proceso normal, como parte de la vida, liberará a los niños del miedo. Muéstrales los árboles y las flores y cómo florecen en la primavera y descansan durante el invierno. Es una metáfora simple, hermosa y exacta de nuestra vida. Son nuestros propios miedos los que nos impiden hablar con naturalidad de este pasaje.

Pero el miedo se aprende. Una vez oí a alguien describir al miedo como «la ausencia de Dios». Esto me pareció cierto porque la gente que cree que existe una fuerza superior al ser personal es menos temerosa y más capaz de apreciar lo sagrado de la vida. Y no es necesario creer en una deidad personal o unirse a una Iglesia para ser creyente. Basta con tener un sentido del ser superior que habita en el corazón de todo el mundo. El ser superior es el motivador que nos hace desear servir a otros. Es el soldado que mata al dragón del miedo.

Dejar ir

Una de las mayores pruebas de la vida es aprender a dejar ir. Una madre debe dejar ir a su hijo o hija para que viva su propia vida. Si se aferra a él o ella por demasiado tiempo habrá creado un adulto disfuncional. Igualmente difícil es para un hijo, incluso si tiene cuarenta años, dejar ir la necesidad de aprobación de sus padres, la dependencia o el pasado.

Tanto el padre que no puede dejar ir al hijo como el hijo que no logra adquirir independencia deben aprender a amarse de una forma que permita el crecimiento. El amor con desapego es la llave que abre la puerta de la felicidad espiritual, la llave para aprender a dejar ir. No debe confundirse desapego con indiferencia. Indiferencia es cuando el otro no te importa; desapego es cuando te importa tanto que te separas.

La vida es un continuo proceso de dejar ir, ¿o quizás de avanzar? El buen maestro no intenta retener a sus alumnos. Está orgulloso de ellos cuando pasan al siguiente nivel. Un buen terapeuta está encantado cuando su paciente ya no lo necesita.

En China, un buen doctor es aquel que mantiene a sus pacientes sanos. No pide que se le pague cuando su paciente enferma. Su deber es darle a la persona las herramientas para que viva en equilibrio.

El equilibrio

Vivir con equilibrio es vivir en armonía. La falta de armonía es la raíz de todos los problemas. Una dieta equilibrada (tanto mental como física) promueve la energía y el crecimiento. Cuando nos sentimos faltos de equilibrio, es una señal de que existe un problema que debe ser resuelto. Una vida feliz es aquella que posee un equilibrio físico, emocional y espiritual.

Comportamientos excesivos tales como beber demasiado alcohol o comer demasiado nos hacen sentir desequilibrados.

La ley del karma nos enseña que por cada acción hay una reacción. En otras palabras, tu acción será equilibrada con una reacción equivalente. Por ejemplo, si te ríes de la desgracia de otro, a su debido tiempo tú también serás ridiculizado. El equilibrio es sabiduría.

Parte del equilibrio es aprender a dejar ir. Si somos capaces de discernir cuándo es tiempo de dejar ir, tendremos pocos momentos de infelicidad. Vivir el momento es fuente de gran alegría. Saborear cada momento nos libera de la esclavitud de vivir en el pasado. Aferrarse al pasado en lugar de avanzar puede ser un acto egoísta.

La muerte es la mayor prueba a nuestra capacidad de dejar ir. Ya sea nuestra propia transición o la de nuestros seres queridos, la muerte es el paso hacia adelante más significativo de nuestra vida.

— JORGE —

Jorge tiene treinta y siete años y vive con su madre. Aunque es bastante frecuente que los jóvenes regresen a casa de sus padres cuando terminan la universidad porque no encuentran trabajo, éste no era el caso de Jorge, que tiene dinero más que suficiente. Es el miedo lo que todavía lo mantiene atado a su madre. A Jorge le aterra pensar que Marian, que se está haciendo mayor, morirá algún día. Al estar obsesionado por este temor, es infeliz.

Marian vino a verme. Al estar tan preocupada por su hijo, ella tampoco se lo estaba pasando nada bien.

—Es mi culpa –suspiró–. Le mentí a Jorge sobre la muerte de su padre, intentando protegerlo. Tenía apenas ocho años. Fue un gran error. Si hubiese sido honesta, creo que Jorge lo hubiera podido asumir de una forma madura. ¿Cómo pude ser tan tonta?

Cuando el padre de Jorge murió, en lugar de decirle la verdad, Marian le dijo que se había ido al extranjero en un largo viaje de negocios. Con la intención de explicárselo cuando fuese un poco mayor y lo pudiese manejar mejor, Marian dejó a Jorge con la cruel expectativa de que su padre regresaría. Siempre que Jorge preguntaba por su padre, Marian cambiaba de tema. Cuando Jorge finalmente descubrió la verdad (a través de un compañero de colegio) se puso histérico y a partir de entonces no permitió que su madre se apartara de su vista. Debido a un sentimiento de culpabilidad, Marian permitió que Jorge se apegara excesivamente a ella. Ahora, treinta años después, no se encontraba en absoluto preparado para afrontar la vida sin ella.

¿Qué podía hacer Marian para ayudar a su hijo? Jorge había intentado la terapia, pero la había dejado, insistiendo en que él no tenía ningún problema. Sus relaciones personales se vieron afectadas.

Ninguna mujer quería casarse con un hombre que no era capaz de dejar a su madre.

Le sugerí a Marian que se pusiese dura. Como Jorge no se quería ir por su propia voluntad, debía forzarlo a mudarse asegurándole que podría visitarla tanto como quisiese. No me sorprendió que ella se negara a «echarlo a la calle». Yo sabía que Jorge podía pagarse su propia casa y que estaría bien en cuanto se adaptara a ella. En cuanto a Marian, ya era hora de que dejara ir su culpa. Sí, debió haberle dicho la verdad acerca de su padre, pero tenía que aceptar que no podía cambiar el pasado. Sólo podía aprender de él y mejorar el presente. Ayudar a Jorge a dejarla ir era el primer paso.

Lo más sabio no siempre es lo más fácil. Marian se dio cuenta de que no podía seguir reforzando los miedos de Jorge. Entonces tomó la decisión difícil; le pidió que se mudara.

Unos pocos meses más tarde, Marian parecía una mujer nueva. Jorge no se mudó de buena gana. Discutió e intentó hacerla sentirse culpable, pero ella estaba decidida.

Al principio iba a su casa todos los días. Cuando hubieron pasado unas semanas empezó a tener una vida propia. Ahora podía estar tres o cuatro semanas sin ver a su madre. Fue una adaptación difícil, pero ahora madre e hijo están muy bien.

La pérdida

Nadie quiere perder a un ser querido.

Separarse es a menudo más una angustia que una dulce pena. Ya sea debido a la pérdida de una relación amorosa, a la pérdida de un sueño o a la pérdida de un ser querido que ha pasado a mejor vida, solemos experimentar dolor.

A menudo, un ser querido fallece cuando no hay nadie en la habitación con él. Los desconsolados dicen: «No puedo creerlo. Dejé la habitación sólo por unos pocos minutos y mi madre expiró. ¿Por qué no estaba yo ahí con ella?».

El hecho es que las personas que están haciendo la transición al mundo del espíritu a veces permanecen atadas al mundo físico por el deseo de los seres queridos de estar junto a ellos. La fuerza de los afligidos puede hacer el tránsito a lo espiritual muy difícil para aquellos que ya están preparados.

Los poderosos pensamientos enviados por los seres queridos pueden mantener a las personas en el cuerpo físico por más tiempo del necesario. El moribundo puede sentir la tristeza de las personas que no lo quieren dejar ir. La persona que va a morir no quiere herir a los que la quieren abandonándolos, de manera que intenta aguantar más tiempo.

Nuestro deseo de mantener a nuestros seres queridos con nosotros es la principal causa de deterioro físico durante una enfermedad. Los moribundos se pueden ir con mayor facilidad cuando sus seres queridos abandonan la habitación llevándose su pena con ellos. Tenemos que dar permiso a nuestros seres queridos para que nos dejen.

A lo largo de la vida podemos tener muchas oportunidades para practicar el arte de dejar ir. Permitir que aquellos que amamos se vayan cuando llegue el momento es el mayor acto de generosidad.

No es fácil decir adiós, pero es absolutamente natural. Tenemos que darnos cuenta de que es una manera de liberar a nuestros seres queridos de la esclavitud del sufrimiento físico. Es un acto de gran dignidad y servicio.

Tenemos que abrazar a nuestros seres queridos y decirles que los amamos y que los echaremos de menos, pero que estaremos bien. Esto los ayudará a hacer el paso con más facilidad. Ponte en su lugar; no permitas que aquellos que amas estén enganchados a la Tierra por culpa de su preocupación por ti. La transición será más fácil si permites que las personas se vayan.

— LOIS —

Una clienta mía, Lois, entró en coma. Su marido, Tom, me llamó y me pidió que la visitara en el hospital. Sentada en su cama, podía oír sus pensamientos psíquicamente. Decía que estaba muy cansada y que estaba preparada para partir, pero que no podía resistir la idea de abandonar a su afligido marido.

Me rogó que le explicara a Tom la transición de lo físico hacia el espíritu.

«Si pudiera comprender que no hay nada que temer, no estaría tan angustiado. Mi hermana me espera en la sombra. Ella comprende por qué no puedo partir aún».

Le di unas palmaditas en la mano a esta querida señora y salí de la habitación a buscar a su marido.

Conocía a Lois y Tom desde hacía mucho tiempo. Sabía que Tom creía en la vida después de la muerte. Pero no podía soportar la idea de perder a la que había sido su adorada esposa durante treinta años.

Cuando le di el mensaje de Lois, rompió en llanto.

—¿Cómo voy a seguir adelante sin ella? Es mi mejor amiga.

—Será por poco tiempo, Tom. La verás cuando llegue tu hora de partir. Tú no quieres que siga sufriendo. Ve y dile que tú estarás bien. Está esperando oír eso de ti. Te quiere tanto que le parte el corazón sentir tu dolor. Su hermana está cerca, esperando para ayudarla a hacer la transición. Tom, yo sé que tú no soportas la idea de estar en la Tierra sin Lois. Ella te ama tanto que no puede irse hasta que tú le des permiso para hacerlo. Éste puede ser el acto más difícil de toda tu vida, pero será también una magnífica demostración del amor que le profesas.

Tom me dejó para pasar un rato con su querida Lois. Se sentó junto a su cama y le habló de su vida en común. Reírse por momentos de los recuerdos lo tranquilizó. El decirle que la amaba y que la echaría de menos, pero que quería que partiera hacia su nueva vida, los liberó a ambos.

Salió de la habitación en busca de una taza de café. Lois hizo el tránsito cuando él se hubo ido. Tom supo antes de regresar a la habitación que ella había partido. Más tarde comentó que nunca había sentido tanta paz como la que sintió al entrar en la habitación y mirar a Lois. En ese momento tuvo la convicción de que ella estaba realmente en un lugar más elevado.

Pon orden en tu casa

Una parte importante del proceso de transición es poner orden en nuestra vida física. Mucha gente es incapaz de entrar en el mundo del espíritu porque sienten que tienen asuntos inacabados en la Tierra.

La madre de mi amiga Beth estuvo totalmente paralizada durante ocho meses. Era incapaz de moverse o hablar, sólo podía abrir y cerrar los ojos esporádicamente. La visité junto a su cama. Al tomar su mano, sus vibraciones me perturbaron enormemente. Aunque parecía estar en un estado de reposo, estaba profundamente preocupada porque sus asuntos personales no estaban en orden. La madre de Beth era una mujer profundamente espiritual que no le temía a la vida después de la muerte. En numerosas ocasiones habíamos hablado de las creencias que compartíamos. Sabiendo lo responsable que era, supe que no haría el tránsito hasta haber arreglado sus asuntos.

Sin embargo, Beth se negaba a hablar del testamento de su madre.

—No quiero hablar de eso, es morboso –dijo con brusquedad.

—Beth, me he sentado junto a tu madre. Siento que está contrariada porque quiere tener sus asuntos en orden. No quiero disgustarte, pero no tengo más elección que comunicarte lo que percibo. Conozco a tu madre desde hace mucho tiempo y la conozco muy bien. Tú confías en mis habilidades psíquicas. Permíteme que te ayude a ayudar a tu madre. No es morboso hablar de su testamento. Es necesario que tu madre consiga la paz mental.

Beth encontró la llave de la caja fuerte y consiguió el testamento. Contenía instrucciones precisas sobre el manejo de la herencia. Había que arreglar algunas cosas inmediatamente. Tan pronto como se enteró que ya estaba todo arreglado, la madre de Beth hizo el tránsito mientras dormía. Siempre que sea posible, aseguraos de que vuestros asuntos personales estén en orden, y aseguraos de que vuestros allegados arreglen las cosas de una manera que favorezca la paz mental.

Sé directo pero amable con las personas que conozcas que se estén muriendo: ayúdales a poner sus asuntos en orden. Habla con ellos y pregúntales cómo quieren que se hagan las cosas. No esperes a que la persona esté tan enferma que no pueda pensar racionalmente. Una vez que los deberes físicos estén solucionados, somos libres de contemplar los asuntos del alma y hacer el tránsito con mayor tranquilidad.

— LUCY —

El novio de Lucy se desplomó con un infarto dos semanas antes de la boda. Ella y Henry estaban muy enamorados. Habían compartido la casa de él durante dos años. Él había intentado ponerla a nombre de ella, pero no lo había conseguido. Cuando decidieron casarse Lucy dejó su apartamento de alquiler. Después del funeral, Lucy regresó a la casa común con el corazón destrozado y exhausta. Mirar a su alrededor y ver las cosas que habían compartido la hizo llorar, pero la consolaba estar en su hogar.

Dos semanas después del funeral, el hijo adulto del primer matrimonio de Harry le dijo a Lucy que él quería vivir en la casa. Le dio un mes para que se fuera. Incrédula, ella le explicó que no tenía adónde ir. Encima de la sobrecogedora tristeza, ahora sentía la más absoluta desesperación. Vino a verme aturdida y asustada. Rompió en llanto al contarme su historia. Repentinamente, sentí una presencia muy fuerte en la habitación.

—Henry está aquí y quiere hablar contigo –le dije.

Estaba muy acongojado y le repetía a Lucy que lo perdonara por haberla dejado desprotegida. No podía dejar la esfera de la Tierra sin antes decirle cuánto lo sentía. Estaba sorprendido y apenado ante el egoísmo de su hijo.

Lucy escuchó, anonadada pero receptiva. Buscando fuerzas al mirarme, le dijo a Henry que no se preocupara. Lo amaba mucho y deseaba que continuara su camino. Sabía que él no había querido hacerle daño. Lucy también le pidió que perdonara a su hijo. Era importante para ella que él comprendiera que no había resentimiento de su parte.

Sentí su presencia durante unos momentos más y luego nos dejó. Lucy estaba visiblemente conmocionada pero pasmada. Era un gran privilegio recibir una confirmación de que Henry se había ido, pero que al mismo tiempo estaba tan cerca. Él había sufrido a causa del desorden con su herencia. Lucy, profundamente apenada pero más fuerte, continuó con su vida.

Piensa en la ansiedad que Henry atrajo por no haberse preocupado en dejar sus asuntos en orden. Su muerte repentina causó conmoción. Desgraciadamente, este tipo de cosa le puede pasar a cualquiera. Ésta es una lección para todos nosotros. Siempre debemos tener nuestras cosas en orden. ¿Cuántas personas se quedan sin saber lo que una persona quiere que se haga con su herencia? Las peleas entre los sobrevivientes a veces resultan intolerables. Esta negatividad puede alcanzar al alma que ha partido. El alma puede sentir estos poderosos pensamientos. Estos pensamientos son causa de aflicción para el que se ha ido y no permiten al alma descansar en paz.

Escucha al moribundo

Escucha a las personas que están a punto de hacer la transición de la Tierra hacia el espíritu. Dales la libertad de expresar sus emociones. La gente necesita hablar. Debemos permitir que lo hagan.

Recibí la llamada telefónica de un amigo que se encontraba muy enfermo.

—Nadie quiere hablar de mi muerte. Los médicos han dicho que la recuperación es prácticamente imposible. No estoy siendo negativo, simplemente realista. Mi familia no quiere afrontar la posibilidad de que no me quede mucho tiempo. Todo el mundo finge que estaré bien. Siento una necesidad abrumadora de hablar, pero al ver la expresión en los rostros de mis familiares cuando intento expresarme, me tengo que detener. A veces tengo ganas de gritar: «¡Ayudadme, soy yo el que va a morir!» –Se echó a llorar.

—Estoy aquí. Dime todo lo que quieras decir –dije.

Habló durante una hora. Alternaba momentos de rabia con risas. Poder compartir sus preocupaciones y sus miedos sobre el hecho de morir lo ayudó mucho. Yo dije poca cosa. El que yo estuviera al otro lado del teléfono, escuchando, era todo lo que él necesitaba. Escuchar es un poderoso tónico para alguien que está sufriendo. Es difícil afrontar el hecho de que alguien a quien queremos debe irse. La mayoría no quiere ni oír hablar del tema. Tenemos miedo: a la pérdida, a afrontar nuestra propia mortalidad, a decir las palabras equivocadas, a no poder soportar la pena. Debemos olvidarnos de nosotros mismos, de nuestros sentimientos personales y de nuestros miedos, y limitarnos a escuchar. Al ser capaces de consolar a nuestros seres queridos, nos estamos educando.

— RUTHIE —

El hermano de Ruthie la escuchaba sentado junto a su lecho. Ella señalaba una y otra vez hacia una silla que había en una esquina y le preguntaba si podía ver al hombre que estaba ahí sentado. Roberto no lo veía y le pidió que lo describiera. Aunque se encontraba exhausta debido a su enfermedad, Ruthie se incorporaba al describir a su visitante. Durante tres días, por momentos consciente y por otros inconsciente, habló del hombre en la silla. Roberto escuchaba pacientemente y le hacía preguntas acerca del hombre. Al tercer día, Ruthie entró en coma. Roberto le dijo que la quería y le dio permiso para partir. Después de decirle que no tuviese miedo del viaje, que todo iría bien, se puso de pie. No quería que su presencia la mantuviese atada al mundo físico.

Besó su mejilla y se alejó de la cama para contemplarla en la distancia por un instante. Para su sorpresa, ella abrió los ojos y dijo:

—No nos olvides.

—¿«Nos»? –inquirió Roberto.

—Ya sabes, a ti y a mí.

Dicho esto, entró en coma. Ocho horas más tarde hizo el tránsito para unirse con el hombre de la silla. Roberto comprendió que se trataba de su padre. Roberto había sido de gran ayuda; había sido útil al escucharla y al darle permiso para partir.

Lorenzo, mi maestro

Fue en abril de 1993 cuando vi a mi querido maestro, Lorenzo, una vez más. Me encontraba de vacaciones en Edgartown, en El Viñedo de Marta. Todavía no había comenzado la temporada turística y había poca gente en las calles. Estaba mirando una hermosa lámpara en el escaparate de una tienda de antigüedades cuando, de repente, lo vi de pie junto a mí. Me alegré al verlo.

—Es maravillosa, mi niña. Los victorianos sí que sabían hacer lámparas hermosas.

Abrumada ante la sorpresa de verlo, dije:

—¡Gracias a Dios, Lorenzo! Realmente necesitaba hablar contigo.

—Lo sabía. Éste me pareció un lugar agradable para charlar. Vamos a sentamos en aquel pequeño parque que hay más allá. Es un sitio adorable y nadie nos molestará.

Al caminar junto a Lorenzo, mi mente se remontó a un cálido día de mayo, siete años atrás, en que yo me encontraba sentada en Central Park mirando a los niños jugar, cuando él se presentó por primera vez.

En aquella época yo estaba muy ocupada escribiendo mi primer libro. Mi querida amiga Kathy se encontraba muy enferma de cáncer. Después de pasar las mañanas en el hospital, las tardes con mis clientes, y los fines de semana escribiendo, me quedaba muy poco tiempo libre.

En aquella mañana primaveral me desperté decidida a ir al parque. Más tarde me di cuenta de que Lorenzo y yo estábamos destinados a conocernos ese día. Debido a mis habilidades psíquicas, lo reconocí inmediatamente como a mi maestro espiritual. Lo había visto en sueños cuando era pequeña. Después de nuestro encuentro inicial en el parque tuvimos muchas conversaciones. Me lo encontraba con frecuencia por las calles del Greenwich Village o sentado en alguna cafetería a la que yo había ido a almorzar. Me ofrecía su punto de vista sobre muchos temas y me apoyaba a lo largo de las dificultades que implicaba escribir un libro, así como también el hecho de estar perdiendo a una amiga. No era la partida de Kathy lo que más me afectaba, sino el vacío personal que sentía al echarla de menos. A lo largo de nuestra relación, Lorenzo y yo discutimos diversos problemas y juntos hallamos soluciones. Me presentó a su maestro, *sir* William, quien también me enseñó muchas cosas.

Lorenzo y yo no nos habíamos visto en tres años. Yo había pasado por un período difícil en ese lapso y pensaba en él con frecuencia, sabiendo que él sentía mis pensamientos. Había momentos en los que sentía que no podía continuar sin tener contacto físico con él.

En momentos así me envolvía una cálida presencia. Podía sentir su apoyo aun cuando él no estaba verdaderamente presente. Sabiendo que no me correspondía pedirle que viniera, lo hacía lo mejor que podía. La fe me enseñó a que él aparecería cuando lo sintiese necesario, y él tenía buenas razones para todos sus actos. Enfrentarme a las situaciones que se me presentaran era una prueba espiritual.

Ahora que estaba escribiendo un libro, nos volvimos a encontrar, como si el tiempo no hubiera pasado. Nos sentamos en un banco del parque y permanecimos en silencio durante unos instantes antes de comenzar a hablar.

—Muy poca gente es capaz de disfrutar del silencio. Existe una gran paz y armonía de espíritu cuando uno aprende a estar callado.

Luego procedió a hablar de todo lo que había hecho desde nuestro último encuentro. Había sido consciente de todo porque era capaz de sintonizar con mis pensamientos. Me dijo que sentía mucho que yo hubiera tenido que enfrentarme sola a una época tan difícil. Había estado recluido, volviendo a cargar su cuerpo. La vibración de la Tierra había hecho estragos en su naturaleza extremadamente sensible. Todos los maestros debían apartarse del tumulto de la vida de vez en cuando para descansar. Además, agregó, no hubiese sido bueno para mi crecimiento personal que él hubiese estado conmigo cuando yo debía aprender sola.

—La década de los noventa será impresionante para el desarrollo del mundo. La humanidad se está viendo forzada a reconocer que el materialismo de los ochenta no produjo una felicidad duradera. Veo un cambio en la consciencia a medida que la gente empieza a contemplar más el lado espiritual de la vida.

¡Caray!, qué cierto es. La economía se está viendo afectada, las personas están perdiendo sus empleos, los bienes raíces han bajado, los costos de salud se han disparado. Todo el mundo está asustado.

En mi trabajo como psíquica veo gente de todo tipo. Antes, todo el mundo, sin importar su nivel, estaba interesado en su futuro económico. He visto un cambio: la gente está formulando más preguntas sobre temas espirituales. Sí, continúan preguntándome acerca de sus carreras y sus relaciones, pero el enfoque de sus preocupaciones ha variado. Las personas están buscando un punto de vista que los mantenga en su vida cotidiana.

Comprender la continuidad de la vida ayuda. Los placeres físicos son temporales; el conocimiento es eterno. Ciertamente que debemos disfrutar de las cosas materiales de la vida. Pueden proporcionarnos placer, pero no debemos aferrarnos demasiado a ellas.

—Correcto, mi niña. Las cosas pasan, sin embargo, el Dios que hay en nosotros es eterno. Las personas se están viendo forzadas a mirar en su interior para encontrar la paz mental. –Sonrió.

Lorenzo había sintonizado una vez más con mis pensamientos. ¿Cómo puedo describir a este gran hombre?, Lorenzo tenía un aura de absoluta serenidad. En su presencia yo me sentía como arropada por una manta en una fría noche de invierno, segura y abrigada. Su personalidad era tan pura que era imposible no sentirse atraído hacia él. Leía el pensamiento sin ser intrusivo. Sabía que yo confiaba en él por completo. Sus maneras eran aristocráticas pero agradables. Era un gran sabio y un sabio amigo.

El silencio se rompió con las risas de una pareja que pasó delante de nosotros. Unos pocos minutos después Lorenzo inquirió si yo tenía más preguntas.

—¿Cómo puedo ayudar mejor a las personas a superar el miedo a la muerte? Sé que la muerte no existe; lo he sabido desde que era pequeña. Soy consciente de que se me han dado talentos psíquicos que me han ayudado. Ver el otro lado es algo absolutamente natural para mí. Es sólo que quisiera poder transmitir todo esto al mundo.

—Simplemente cuéntales lo que has visto. La gente tiene que superar primero el miedo a la vida, sólo entonces podrán concentrarse en la vida después de la muerte. Es un poco como la cuestión de qué vino primero, ¿el huevo o la gallina? –Rio–. El conocimiento pavimenta el camino hacia la libertad –continuó–. Todo el mundo debería disfrutar del momento. Saborear todas las experiencias y relaciones. Cada segundo es importante. ¡Vivir, vivir, vivir! –Se detuvo y suspiró.

Permanecimos sentados durante unos pocos minutos más. Su presencia era una bendición. Entonces se puso de pie y, prometiendo que estaríamos en contacto en un futuro cercano, partió.

Me quedé sola y repentinamente sentí un aroma de rosas. Miré a mi alrededor y no vi ningún rosal, pero a mi derecha, en el suelo, había una docena de rosas color melón. Lorenzo me había dejado un ramo de mis flores favoritas. Las cogí en mis brazos y regresé andando hacia el hotel. Mareada de felicidad y sabiendo que mi misión era difundir nuestro conocimiento, estaba ansiosa por ponerme a escribir.

Capítulo 2

RECOGEMOS AQUELLO
QUE SEMBRAMOS

Cada acción que realizamos afecta directamente a esta vida y a vidas futuras. Puede ser que un hombre cometa un crimen y no lo descubran en esta vida, sin embargo, este crimen no pasará desapercibido. Puede ser en una vida posterior, pero su acción será equilibrada. Esto es el karma.

El karma es la ley de causa y efecto. Es la suma total de todas las acciones del presente y de vidas anteriores. El karma regresa a cada uno de nosotros como resultado de nuestros actos. Sufriremos por el daño que hayamos infligido y nos regocijaremos en la felicidad que hayamos dado a otros.

Todo lo que nos sucede refleja la justicia universal. Todos y cada uno de nosotros vivimos en el lugar que nos hemos ganado. Esto es cierto en los mundos físico, mental y espiritual.

La reencarnación nos enseña que no vivimos una, sino muchas vidas en la Tierra. Regresaremos al plano terrestre hasta que hayamos logrado, con nuestro esfuerzo, la perfección. La perfección es un estado de ausencia total de egoísmo. Todo deseo de placer físico es reemplazado por una dedicación completa a servir a la humanidad. Son necesarias muchas vidas para llegar a este estado. Nuestro karma nos hace regresar a la Tierra hasta que nos ganemos la armonía absoluta. El karma y la reencarnación son conceptos integrales.

El alma individual escoge el ritmo de su crecimiento. Algunos son capaces de liberarse de la esclavitud de los deseos con mayor facilidad que otros. Una vez que hayamos comprendido que los placeres físicos son temporales, nos moveremos hacia el goce verdadero, el goce que proviene del conocimiento. La sed de conocimiento no se apaga con bebidas físicas. Los objetos físicos se pueden disfrutar porque a veces son bellos. El conocimiento adquirido mediante la experiencia nos demuestra que amar con desapego, disfrutar sin esperar nada, vivir el momento por el momento en sí, acerca al hombre a la felicidad más pura.

Niveles de evolución

Durante el transcurso de los años, he conocido gente que me ha dicho que está viviendo su última vida en la Tierra. Se ofenden sobremanera cuando les formulo preguntas como las siguientes:

¿Hablas todas las lenguas?

¿Logras un control absoluto sobre tus emociones?

¿Eres capaz de abandonar tu cuerpo cuando lo deseas?

¿Tu motivación está siempre exenta de egoísmo?

¿Has superado todo deseo de ganancia personal?

¿Tienes una salud perfecta?

Éstos son apenas algunos de los prerrequisitos para adquirir la maestría. Cuando la hemos adquirido ya no necesitamos regresar al plano terrestre. En ese momento todo el karma ya ha sido equilibrado y todo deseo de ganancia o gratificación personal se ha transmutado en una motivación altruista de servir a la humanidad. No es práctico para nosotros permanecer en este estado de consciencia tan evolucionado. Sólo recuerda: a la mayor parte de nosotros nos queda mucho por evolucionar, de manera que presta atención a las lecciones de la vida… Todo crecimiento físico y emocional tiene lugar en el plano físico. Cada vida que experimentamos es una escuela para el alma. Todo infortunio es un reto al que nos enfrentamos con el fin de avanzar hacia la maestría para finalmente alcanzarla.

La reencarnación hace posible que nuestra educación continúe de una vida a otra. El espíritu entra en el cuerpo físico con la finalidad de continuar su evolución. El lapso entre vidas varía con cada individuo. Cuanto más evolucionada sea el alma, más tiempo se le permitirá esperar antes de regresar al plano terrestre. Hay excepciones: a veces es preciso que un alma evolucionada regrese pronto para realizar un trabajo necesario para ayudar al mundo. El karma individual está involucrado en todas las etapas de la reencarnación.

El karma coloca al alma en la familia, el país, el género y el tipo de cuerpo que o bien se ha ganado mediante experiencias pasadas o bien necesita para pasar por ciertas pruebas en esta vida.

No existen atajos hacia la maestría ni un camino fácil hacia la iluminación. Una gran parte del proceso es muy dolorosa. Cada uno de nosotros es puesto a prueba al atraer experiencias que se ha ganado a través de sus elecciones personales. El dolor nos indica que existe un problema a resolver.

¡Deberíamos saborear toda experiencia y aprender de ella para que ésta sea nuestra mejor vida!

Es mi karma

«Es mi karma» es el mantra de muchos que se niegan a aceptar la responsabilidad de sus elecciones personales. Aunque muchas de las cosas que nos suceden en la vida son el resultado de acciones en una vida anterior, debemos cuidarnos de utilizar el karma como excusa para nuestra falta de sentido común.

— JODY —

Jody siempre escogía tener relaciones con hombres casados. Una y otra vez, escogía hombres que no estaban libres. Vino a verme llorando y preguntó: «¿Por qué tengo este karma?».

Le expliqué que no se trataba de un problema kármico, sino de un problema psicológico. Necesitaba de un buen terapeuta que la ayudase a romper con esa pauta de comportamiento. Le echaba la culpa al karma de su incapacidad para hacer elecciones sabias, cuando en realidad ella podía escoger.

«Probablemente tu karma sea el ponerte a prueba haciendo que te sientas atraída hacia hombres que no están disponibles. Cuando seas capaz de utilizar tu voluntad espiritual para romper con esta pauta, dejará de sucederte. Las vibraciones que te rodean cambiarán, permitiéndote atraer otro tipo de relación» le expliqué.

Como mucha gente, Jody estaba confundida con relación al karma, creyendo que debía soportar su «destino». En realidad, su karma consistía en trabajar para superar su problema con los hombres.

Si eres un alcohólico, ¿es tu karma beber durante toda tu encarnación? ¿O no será, quizás, una prueba a tu capacidad de superar dicha adicción, creando así un nuevo karma mucho mejor? Aunque no podamos deshacer un comportamiento anterior, podemos compensarlo: podemos avanzar creando un nuevo karma. Debemos superar nuestros problemas físicos y emocionales mientras estemos en el cuerpo físico. Cualquier comportamiento excesivo, ya sea beber, trabajar demasiado o flirtear, produce un desequilibrio. La vida nos presenta la oportunidad de equilibrar nuestras acciones pasadas, ya sean buenas o malas. Si pasas del mundo físico al espiritual con una adicción, te reencarnarás con el mismo problema hasta que lo hayas superado.

Algunos de mis clientes ricos creen que se han ganado su riqueza con buenas acciones en el pasado. A ellos les digo: «Ser rico no siempre es una bendición». La desesperación de los ociosos ricos es un tema frecuente en las consultas de los terapeutas. A menudo los extremadamente ricos se vuelven drogadictos porque carecen de valores o porque se aburren rápidamente de todo lo que tienen. El dinero puede ser una bendición o una maldición, dependiendo de lo que hagas con él. Naces en un entorno que has atraído por tus acciones pasadas. Lo que importa es tu carácter, no el dinero que tengas. No hay bancos al otro lado.

No hay nada malo en llevar una vida confortable, pero está mal ignorar las necesidades de los menos afortunados. Es el karma de todos nosotros ayudar a todo aquel que necesite comida o abrigo. Existe un karma común del cual todos debemos ser conscientes. Todos somos igualmente responsables de los desequilibrios del planeta. Cada uno de nosotros puede ayudar de acuerdo a sus circunstancias individuales. Un hombre podrá ayudar gobernando, otro enseñándole a la gente a sembrar sus propios alimentos y un tercero regalándole su viejo abrigo a un necesitado. No importa la dimensión de la contribución. Hacer cualquier cosa que esté en tu capacidad es suficiente y tiene un gran efecto. Ese acto de generosidad puede ser el ímpetu para que una persona asuma el control de su vida.

Así como tú estás al cargo de tu propio karma, tienes el poder de ayudar a la evolución del planeta.

El karma y nuestro lugar en el mundo del espíritu

Llegamos al lugar en el mundo del espíritu que nos hemos ganado por nuestras acciones terrenas. Tenemos que solucionar nuestros problemas físicos y emocionales en la Tierra. Tu persona no se desintegra con tu cuerpo físico. Llegas al espíritu siendo la misma persona que eras cuando abandonaste tu cuerpo físico, de manera que lo más sabio es pasar el tiempo en la Tierra creciendo lo más que puedas.

Algunas personas creen que una vez que lleguen al otro lado estarán llenas de bondad y alegría. ¡Ése no es el caso! Una persona que abandona el mundo enfadada llega al plano astral en la misma condición. Permanecerá en ese estado rodeada de otros con mal genio hasta que la rabia se haya disipado. Si en el mundo físico te consumen los celos, entrarás en el mundo del espíritu de la misma manera. Sin embargo, un hombre que haya sido bueno en la Tierra será un buen hombre como espíritu. Vivirá entre otra gente estupenda.

Tu carácter se construye en el reino físico. La magnitud de esto es impresionante; pero la vida no termina con la eliminación del caparazón físico. Haz a los demás lo que quieras que te hagan es un mandamiento muy serio. Recibirás el mismo trato que des. A partir de ahora sé más consciente de tu comportamiento. Pensar antes de actuar nos ayuda a hacer elecciones sabias.

Saber que la vida del espíritu no es más que una continuación debería ser un consuelo. Si no lo sentimos así, deberíamos hacer un inventario personal de nuestro comportamiento.

Las viejas almas contra las nuevas

Existe un mito según el cual cuanto más vieja sea tu alma, más desarrollado espiritualmente serás.

Para muchos, el número de encarnaciones implica algún tipo de progreso. Pero no debemos olvidar que muchas personas repiten un patrón de comportamiento de vida en vida, mientras que otros aprenden a la primera. El número de encarnaciones no tiene importancia, la clave está en cómo las utilices.

El motivo que hay detrás de nuestros actos es la llave hacia el desarrollo del alma. Algunos son más afortunados y aprenden antes que otros, de ahí que necesiten menos vidas para adquirir la maestría. Las diferentes almas poseen distintas aptitudes. Cada uno aprenderá a su debido tiempo.

Pluma Blanca

Un espíritu guía no es un maestro, es un guardaespaldas. Su tarea es protegerte y vigilar ciertos aspectos del mundo psíquico. No todo el mundo tiene un espíritu guía. Todos los psíquicos y médiums tienen protección de espíritus. Como los nativos americanos son considerados expertos en el área psíquica, a menudo son escogidos para proteger a aquellos que realizan un trabajo espiritual. Es un gran honor que te den el nombre de tu guía. El guía no asume el rol de maestro, sino de protector y de conexión. Protege al psíquico de las influencias negativas siempre que sea posible y ayuda en la conexión entre la Tierra y el espíritu.

El nativo americano que apareció en la pantalla en mi primera visión clarividente del otro lado ha estado conmigo desde entonces. Más adelante me enteré de que su nombre era Pluma Blanca. Con su ayuda he visto muchas facetas de este mundo del espíritu. Con frecuencia he visitado los reinos del espíritu con él mientras dormía. Sin embargo, durante el estado de vigilia a menudo aparecen imágenes en mi pantalla astral. El tiempo no tiene medida. La imagen permanece en mi visión durante unos segundos o minutos. Parece fuera de este mundo, pero al mismo tiempo es muy real.

Nunca les he temido a mis experiencias psíquicas. Nunca. ¿Acaso tiene miedo el artista de poner el pincel sobre el lienzo? El miedo aparece únicamente cuando el amor al arte se torna competitivo o si nos han enseñado a temer.

De niña, montar mi bici Schwinn por el campo en los días más calurosos del verano me hacía muy feliz. Encontraba el lugar perfecto a la sombra y me sentaba, muy cómoda conmigo misma. Me percibía a mí misma como una pequeña parte de lo místico. En aquellos momentos tan especiales las visiones llegaban con gran nitidez y mi enorme amigo el nativo americano estaba siempre en ellas.

Al leer mis diarios de aquella época se me hace evidente que yo comprendía la reencarnación y el karma, pero carecía de las palabras para definir estas filosofías.

Fue a los veintitantos años cuando conocí el nombre de mi guía. Él se encontraba de pie en mi sala de estar junto a la silla azul en la que me suelo sentar cuando realizo mis consultas psíquicas. Con los brazos cruzados sobre el pecho (la misma pose que cuando lo vi por primera vez a los diez años), imprimió su nombre en mi mente mediante la clariaudiencia.

En mi cabeza oí una voz fuerte, clara y precisa: «Yo soy Pluma Blanca. Si me necesitas invoca mi nombre. Nunca estaré lejos de ti, ya que es mi deber cuidarte. Te he seguido desde el día de tu nacimiento».

Como lo conocía desde la infancia, asentí con reverencia como respuesta. Nunca había necesitado un nombre para él, pero reforzó nuestra conexión el poder identificar a mi amigo y compañero espiritual por su nombre.

Recuerda que estos acontecimientos eran totalmente normales para mí. Eran, citando a Carson McCullers «mi nosotros», una parte de mi vida con la cual no había separación. Pluma Blanca y yo éramos uno.

Pluma Blanca siempre me impresionaba con mensajes útiles. Él continúa presente durante mis visitas al plano astral. Con los brazos cruzados, con una apariencia absolutamente calmada, me ha guiado siempre en todos mis viajes.

Me ha salvado la vida más de una vez. Un brazo invisible me cogió cuando cruzaba una congestionada calle de Nueva York, rescatándome de un taxi fuera de control. Las personas que me vieron literalmente volar hacia atrás, fuera del radio del vehículo, se quedaron boquiabiertas.

«Supongo que tengo un ángel guardián», bromeé con un asustado peatón. Hizo la señal de la cruz y masculló unas palabras. Le di las gracias a Pluma Blanca y prometí ser más cuidadosa al cruzar la calle.

Una vez estando en Santa Fe, un grupo de amigos y yo teníamos que volar en un *jet* privado a Nevada. La noche antes de la partida, mi guía me advirtió de que no volara en ese avión. Sabiendo que el piloto se molestaría, dije a su mujer, mi amiga, que no debíamos ir porque había algún problema con el avión. Ella aceptó mi decisión sin problemas, pero su marido, furioso, insistió en que a la nave no le pasaba nada. Dijo que le acababan de hacer una revisión. A continuación, tuvieron una terrible discusión en la que él la acusó de estar excesivamente influenciada por mis poderes psíquicos. Durante la siguiente hora le enumeró todos los defectos que él encontraba en ella. Utilizó este incidente como pretexto para sacar su rabia por todo. Esta negatividad la afectó hasta tal punto que ella enfermó y acabó en el hospital.

Al llegar al hospital vi a su marido en la sala de espera. El médico dijo que mi amiga quería verme. Sin saber lo que había sucedido, entré en la habitación. Refiriéndose al incidente, mi amiga me dijo que no regresaría con su marido. Eran infelices desde hacía mucho tiempo y este suceso le había hecho tomar consciencia. Me quedé con ella hasta que se durmió. Cuando salí de la habitación, su marido se me acercó lleno de remordimientos. Resultó que había mandado revisar el avión por segunda vez y habían encontrado fuga en la línea del combustible. Si hubiésemos despegado lo más probable era que se hubiese incendiado. Disculpándose efusivamente por su comportamiento, me agradeció el haber salvado sus vidas. En este caso, Pluma Blanca no sólo salvó nuestra vida, sino también la salud mental de mi amiga. Ella había temido abandonar a su marido y este incidente había sido el catalizador que le había dado las fuerzas para continuar con su vida. Su marido no era una mala persona. Era muy difícil con ella y eran completamente incompatibles. Ambos son mucho más felices ahora y estoy segura de que él ahora revisa su avión dos veces.

Ciertamente, no todos mis mensajes psíquicos provienen de oír la voz de mi guía en mi cabeza. Me consuela saber que está cerca y que hablará cuando lo estime necesario.

Pluma Blanca no sólo me protege, sino que también me conecta. Durante las sesiones con mis clientes recibo imágenes vívidas de algún ser querido que ha fallecido. Recogiendo mi pensamiento, Pluma Blanca se dirige al reino en el que habita el espíritu. Le informa que se le necesita por unos minutos y luego me ayuda a concentrarme en la persona. Esto sólo sucede cuando es el karma de una persona el recibir un mensaje. El ser amado que es espíritu lo respeta y se alegra de ser útil.

Yo nunca intento traer almas a la Tierra al menos que ellas deseen venir. Muchas personas que han hecho el tránsito están muy ocupadas en el mundo del espíritu. Una vez que han dejado la esfera de la Tierra, tienen pocos deseos de volver a conectar con el plano físico. Es egoísta y poco respetuoso querer forzar a aquellos que se han ido a venir hacia nosotros porque somos incapaces de dejar ir.

Sí, a veces sucede porque es necesario y ayuda. No es mi decisión, yo me limito a transmitir el mensaje. En esos momentos Pluma Blanca es de gran ayuda.

El karma es la clave. Es el karma de algunas personas tener una experiencia cercana a la muerte para que pueda contarla o para que comprenda lo sagrado de la vida. Es también kármico que se le permita a una persona dar o recibir un mensaje del mundo del espíritu. Puede ser que se le permita a una madre saber que su hijo que murió en la guerra está bien y en paz. A un hombre que haya matado accidentalmente a alguien se le puede permitir decirle a los que han partido que lo siente. Se ha ganado el derecho de enviar el mensaje a través de mí.

— BILL —

Juana no creía en los psíquicos. Yo había ido a su casa para ver a una amiga mía que tenía una reunión de negocios. Al entrar en la casa, me abrumó el olor a cigarrillo, aunque no había nadie fumando. Sentada en el estudio, intenté ser amable a pesar de que me estaba costando respirar a causa del humo. Mi amiga Su había sido muy clara, a Juana no le interesaba lo psíquico. De hecho, pensaba que todos los psíquicos eran unos farsantes. Sin embargo, mientras esperaba que entrara un poco de aire fresco, una sensación familiar me indicó que había un espíritu presente. Entonces vi a Pluma Blanca delante de mí. No podía ver a nadie más, pero podía sentirlos. La habitación parecía estar cada vez más llena de humo, asfixiándome. Intentando ser la invitada perfecta, no dije nada, pero me concentré en Pluma Blanca.

Mi amiga entró al estudio con Juana y mantuvimos una conversación educada. Para mi sorpresa, Juana empezó a hacerme preguntas sobre mi trabajo. Me estaba costando responderle porque había una voz que me repetía: «Dile que Bill siente haber fumado tanto. También está preocupado por el latido irregular del corazón de su hija».

Me enfrentaba a un dilema. Yo no quería imponerle este fenómeno a Juana, pero tampoco quería ignorar a Bill. El hecho de que Pluma Blanca estuviera ahí me hizo sentir más segura. No tenía nada que perder; le di el mensaje a Juana.

Se echó a llorar, no de pena, sino de una abrumadora emoción. Mi amiga Su me dijo que justamente habían estado hablando momentos antes de la muerte de Bill. Fumaba tres paquetes de cigarrillos al día. Juana sentía que eso le había provocado el infarto. Siempre había estado furiosa con él por haberlos dejado, a ella y a los niños, tan pronto. Visiblemente afectada, Juana me dijo: «Nadie sabe del problema de mi hija. Precisamente, me lo dijo ayer. No puedo creer todo esto».

Empecé a preocuparme porque quizás no había hecho lo correcto. Había decidido respetar la decisión de Bill de transmitir un mensaje, sin intención de impresionar o atemorizar a Juana. Los fenómenos psíquicos pueden desequilibrar si uno no está preparado para la experiencia. Intento no forzar nunca a nadie a recibir un mensaje. Me habían advertido de la actitud de Juana y, sin embargo, aquí estaba yo, dándole mensajes de su marido muerto.

Déjame decir que estuve encantada (física y emocionalmente) cuando el humo hubo desaparecido. Juana se secó las lágrimas y parecía auténticamente feliz. Su rabia hacia Bill empezó a abandonarla.

Juana dejó de ser una escéptica y ahora le tiene un sano respeto a la metafísica. En mis siguientes visitas a su casa, no sentí ni olí ninguna señal de Bill. Había transmitido su mensaje y no sentía la necesidad de regresar. Me sentí agradecida, ya que ello significaba que Bill estaba en paz ahora. Se había ganado el derecho kármico de decirle a su mujer que era consciente de que el tabaco había acortado su vida. También se le permitió expresar su preocupación por su familia. Yo había tenido el privilegio de transmitir el mensaje.

Lorenzo me habla del karma

Mientras caminaba por la calle Bleecker, entonando suavemente mi canción favorita, *Noche y día* de Cole Porter, oí que alguien se unía a mí. Cuando me giré, realmente me sorprendió ver a Lorenzo. Lo que me sorprendió aún más fue la voz tan profesional con la que cantaba. No tenía ni idea de que supiera cantar ni de que le gustaba hacerlo. Me había contado que su madre había sido muy musical, pero nunca me habló de su propio talento.

Era evidente que había muchas cosas que yo no sabía sobre este gran hombre. Él, por el contrario, sabía muchísimo de mí.

—Cantar es bueno para el alma. Puede ser muy equilibrante y relajante para el sistema nervioso. Es decir, si uno es capaz de disfrutar cantar por el puro gusto de hacerlo. Tú, mi niña, no sabías que yo te había oído cantar en cabarets cuando trabajabas en aquel ambiente. –Rio.

—¿Estabas ahí y no te vi? No puedo creerlo. –Yo no había cantado profesionalmente desde hacía al menos veinte años. Estaba conmocionada.

—Parece que tu karma cambió a mitad del camino. Un poco como quien se cambia de sombrero –agregó.

Durante mis primeros años en Nueva York, apenas acabada la universidad, había ejercido apasionadamente las carreras de música y teatro.

De pequeña me encantaba cantar y actuar. La representación me resultaba muy natural. También poseía la habilidad de ver hadas y duendes, así como espíritus humanos, de manera que nunca me faltó público. Actué para mis amigos espíritus en muchas ocasiones en el patio trasero de mi casa de Iowa.

Abuela Gracia salía a trabajar en el jardín y preguntaba:

—¿Con quién diablos estás hablando?

—Son sólo unos amigos –le respondía, y continuaba con mi actuación.

Cuando acabé la universidad, llegué a Nueva York con mucho entusiasmo y muy poco dinero. Siempre había sentido que era mi destino vivir ahí y sentía que, finalmente, estaba en casa. La realidad de tener que pagar el alquiler hizo que trabajara en muchos sitios a la vez mientras perseguía mi carrera teatral.

Cantar en cabarets y bares era una forma de ganarme la vida y adquirir experiencia. Me encantaba hacerlo, pero siempre sentí que faltaba algo.

Una vez, cuando estaba terminando mi número en un cabaret, repentinamente, Judy Garland apareció en una mesa del fondo. Yo había estado sentada en un taburete junto al piano desde donde podía ver a todo el público y estaba segura de que ella no había estado ahí antes. Judy estaba sentada y me oía respetuosamente. La rodeaba una vibración que no era de este mundo. Cómo pude continuar cantando con ese gran talento visitándome desde el reino astral, es un misterio. Era espíritu desde hacía unos cuantos años y sin embargo su gran talento seguía vivo. Su trabajo ha sido siempre una inspiración para mí. Al terminar mi última canción la vi desaparecer de mi vista.

Ésa fue la última vez que canté profesionalmente. Aquella noche me dormí y Judy vino a verme en sueños. Me dijo que yo cantaba bien, pero que podría ayudar más a la gente dedicándome por completo a mi trabajo psíquico. Como ya había asesorado a mucha gente basándome en mi percepción psíquica, no tuve problemas en atraer a una clientela privada.

Al practicar mi nueva carrera, el sentimiento de que faltaba algo me abandonó.

—Yo estaba ahí la noche que viste a Judy Garland. –Lorenzo rompió el silencio.

—Ahora tiene sentido –agregué.

—Fue tu elección, mi niña. Me alegro de que decidieras cambiar de carrera. Nadie te hubiera presionado a hacerlo, era tu karma escoger.

—Lorenzo, nunca he lamentado mi decisión, ni por un instante. Como habrás podido ver, aún me gusta cantar. Me basta con cantar para mi propio placer, pero no es muy frecuente ser acompañada por alguien tan musical como tú.

Riendo, me invitó a una taza de café. Nos sentamos en una mesa tranquila junto a la barra.

—Como en los viejos tiempos –dije.

—Te dije que nos volveríamos a encontrar pronto. –Me dio unas palmaditas en la mano.

Una mujer tropezó con nuestra mesa y se disculpó. Al levantar la mirada sentí pena al ver que tenía una enorme mancha de nacimiento que le cubría la mayor parte de la cara.

—No pasa nada, querida –le aseguró Lorenzo.

Ella esbozó una sonrisa que le iluminó el rostro. Cuando se alejó, comenté:

—Debe ser un karma muy duro para una mujer tan joven.

—No, ella está en paz consigo misma. Es evidente por la forma en la que sonríe y mira directamente a los ojos. Estoy seguro de que sus padres la amaron y le dieron recursos para superar su imperfección. Tiene una gran belleza en el alma. Cualquiera que pase un rato con ella verá a la persona interior. Ella le ha hecho un servicio a los demás con su dignidad y su falta de autocompasión. –Se detuvo un momento y la miró–. Sí, era su karma encarnarse con esa mancha de nacimiento. Es su elección personal cómo enfrentarse a ello. Su comportamiento está creando buen karma en cada momento.

—Nadie entra en la vida física libre de problemas. ¿Qué sentido tendría? Todos tenemos nuestras pruebas kármicas. Cuando la prueba se presenta tenemos libre albedrío. Un hombre puede nacer lisiado y vivir amargado y maldecir al Todopoderoso por su desgracia, mientras que otro puede nacer lisiado y estar agradecido de no ser ciego ni sordo. El desarrollo del alma brillará. –Se detuvo cuando el camarero se acercó a tomar el pedido.

—Ningún hombre racional puede negar que la vida física es temporal. Los problemas físicos pasan. El alma retiene la memoria de todas nuestras vidas, de todos nuestros actos. Este registro es el mapa de caminos para nuestra vida presente y las que vendrán. Este mapa nos muestra distintos caminos a elegir para llegar a nuestro destino final. —Se detuvo una vez más.

Hablamos de cómo mucha gente confunde el karma con la predestinación y lo utiliza como excusa para no tener que superar los retos de la vida; cómo la gente no comprende que su karma consiste en superar problemas en lugar de aceptarlos.

Seguimos comentando lo difícil que era probar estos conceptos intangibles.

—El materialista no cree en nada que no pueda comprobar con sus cinco sentidos. ¿Cómo probarle al sordo que la música existe? —interpuso Lorenzo.

—Lorenzo, mi filosofía es que no importa lo que uno crea, descubrirá la verdad al final. ¿Es sabio intentar convencer a la gente de que la vida es eterna? —pregunté.

—A cada uno de nosotros se le ha dado un talento en esta vida. Un hombre podrá tocar bien el piano, brindando a los demás muchas horas de placer. Un buen doctor no estudia medicina durante años para curar su propio cuerpo. Si la penicilina no se hubiera descubierto y compartido con el mundo, a muchas almas se les hubieran negado años de crecimiento físico. Tú has tenido numerosas experiencias psíquicas y numerosas visiones. ¿De qué te serviría guardártelas para ti? Compartir tus reflexiones sobre la vida al otro lado ayudará a muchos a superar el miedo a lo desconocido. Todo lo que puedes hacer es ofrecer tus percepciones. No te preocupes por las reacciones. Si no fuera tu karma presentar tus conocimientos, no hubieras escogido este trabajo. Podrías haber vivido una vida agradable como cantante y actriz. —Bebió otro sorbo de café.

La mujer de la mancha de nacimiento saludó con la mano al salir del café.

—Ahí va un alma extraordinaria –dijo Lorenzo–. En su siguiente vida no tendrá ninguna marca.

Cuando Lorenzo hablaba parecía estar en otro mundo. Yo sabía por qué lo hacía, yo hacía lo mismo a menudo.

—¿Leyendo los registros akásicos? –inquirí.

—¡Qué inteligente eres! –bromeó.

Los registros akásicos contienen la memoria completa de todas nuestras encarnaciones. Para comprobar experiencias de vidas pasadas uno debe buscarlas en este registro astral. Esto requiere de mucha concentración.

Uno siente como si estuviera rompiendo una pared para acceder a esta información. Yo no siempre logro leer estos documentos astrales, mientras que Lorenzo puede hacerlo siempre que lo desee.

—Con el tiempo te resultará cada vez más fácil. Es como cualquier arte, hay que practicarlo para adquirir maestría. Por ahora eres capaz de ver lo necesario. Las lecturas de vidas pasadas no son siempre de gran ayuda. Nuestra vida presente es la etapa más importante de nuestro desarrollo. Si fuera tan importante recordar todas nuestras vidas, se le hubiera dado a la humanidad una memoria más desarrollada. Para la mayoría de las almas ya es difícil recordar el año pasado y casi imposible recordar el primer año de vida –dijo.

—Por supuesto que la incapacidad de recordar es el argumento más fuerte del escéptico que piensa que lo que él no puede recordar, no puede haber sucedido.

—Que el sordo no pueda oír música sólo demuestra que no todo el mundo tiene la capacidad de oír. Existen muchos relatos de recuerdos de vidas pasadas. Buda vio todas sus vidas con claridad. Muchas personas pueden contar una experiencia de una vida pasada. Algunos psiquiatras están empezando a aceptar el tema en sus tratamientos. Están reconociendo que muchas fobias y algunos problemas psicológicos provienen de encamaciones anteriores –reflexionó Lorenzo.

—No se puede separar la reencarnación del karma –repliqué–. El renacimiento nos proporciona una razón definitiva para las injusticias visibles que la vida parece presentar. El karma le da racionalidad a lo aparentemente irracional. ¿Cuál sería el sentido de la lucha si ésta fuese la única vida? Yo no soportaría ver el sufrimiento de la humanidad si no supiera en lo profundo de mi alma que la vida es eterna. Todo sufrimiento, no importa cuán horrible sea, pasará. Toda bondad acabará promoviendo felicidad. Tarde o temprano todo está destinado a equilibrarse –dije con pasión.

—Cuando uno aprende a comprender el karma, la vida se enriquece. Se nos proporcionan muchas oportunidades para mejorar. La Tierra nos atrae para darnos esta la posibilidad de hacerlo. El dolor puede disminuir con el conocimiento. Ahora, mi niña, mi karma es dejarte en este momento –bromeó.

—Y mi karma es enfrentarme a tu partida. –Intenté no parecer triste.

Siempre me invadía un sentimiento de pérdida después de estos encuentros con Lorenzo. Cuando lo miré, irradiaba un poder sanador, llenándome de gratitud por el privilegio de su compañía.

Me acompañó hasta un taxi y nos despedimos. Cuando el taxi arrancó me giré para despedirme con la mano, pero ya se había ido.

Los lazos kármicos entre Lorenzo y yo son muy intensos. Siempre he estado convencida de que ésta no ha sido nuestra primera vida juntos… Aquella noche, en casa, medité en silencio a la luz de una vela. Mientras contemplaba la llama, una imagen nítida de las pirámides pasó delante de mí. La visión pudo haber durado minutos o segundos. El tiempo se detuvo, vi a Lorenzo vistiendo un traje antiguo, llamando a alguien con la mano, indicándole que se acercara. Cuando la silueta se giró hacia mí, vi un rostro que se parecía claramente al mío. Finalmente, la imagen se desvaneció y tomé consciencia de mi entorno físico nuevamente. La vela se había consumido. Sin una sombra de duda, supe que Lorenzo y yo habíamos estado juntos en una encarnación anterior en Egipto. Le preguntaría sobre ello cuando lo volviera a ver.

Me sobrevino el deseo de oír a Judy Garland. Al acercarme al equipo de música, me vino a la mente la noche en que la había visto hacía doce años. Todo lo que había leído acerca de ella retrataba a un alma atormentada. Me consoló saber que había encontrado un sitio de paz al otro lado.

No hubiese podido visitarme de no haber estado en un estado de calma. Nos había servido en la Tierra a través de su magnífico talento. Como espíritu, me había servido con su orientación. Esta noche, su música calmaría mi alma.

El síndrome de la memoria corta

Es cierto que la mayor parte de nosotros no somos capaces de recordar vidas anteriores, pero eso no nos da permiso de tener una memoria corta, de no aprender de experiencias pasadas.

Si olvidas el pasado, repetirás los errores y los patrones de comportamiento, lo cual te conducirá hacia un frenesí kármico. Tu esquema kármico cambia cuando te enfrentas a la lección que te ha sido presentada y has actuado positivamente para superar cualquier obstáculo a tu desarrollo espiritual. Recordar cómo nos sentimos o cómo actuamos en cualquier situación ayudará a que nuestras vidas fluyan con mayor suavidad. Por ejemplo, si siempre pierdes tu trabajo, a tus amigos o a tus amantes porque tienes un problema de ego, no tendrás una relación feliz hasta que enfrentes el problema, actúes y lo superes.

— LIONEL —

Lionel llegó a Nueva York desde Ohio desesperado por entrar en el negocio de la ropa. Entró a trabajar de vendedor en una gran tienda de ropa masculina. Consiguió el trabajo a pesar de no tener ninguna experiencia. Dos semanas más tarde, sin embargo, se las arregló para despreciar a todos los que trabajaban con él. Como actuaba como si fuera mejor que los demás, lo despidieron. Su siguiente trabajo, también en ventas, concluyó a la primera semana, tras no hablar con nadie y negarse a recibir órdenes del director, que «no sabía nada».

Esta pauta continuó a lo largo de la pérdida de cuatro trabajos más. Finalmente, Lionel, desesperado por encontrar un trabajo, vino a consultarme.

Habló de lo frustrante que le resultaba trabajar con gente que él consideraba «común». Su condescendencia era increíble. No tenía palabras amables para nadie.

Sentí mucha pena por él porque intuí una baja autoestima enterrada bajo su actitud. A sus jefes no les interesaría su psicología, pero si no cambiaba de actitud había pocas esperanzas de que pudiera mantener un trabajo.

Le recalqué esto y predije que lo seguirían echando si no aprendía de sus experiencias pasadas.

—Lionel, ¿no puedes ver la pauta? –pregunté.

—Sí, siempre trabajo con gente estúpida –respondió con brusquedad.

—Bueno, ellos tienen trabajo y tú no. Obviamente, hay un problema. ¿Crees que es difícil trabajar contigo? –inquirí.

—No sería difícil si trabajara con mis iguales –me informó.

—Lionel, ¿cómo te volviste tan crítico? ¿Te has tomado el tiempo necesario para conocer a la gente con la que trabajas? Ciertamente hay gente que podría ser amiga tuya. Tienes una prueba espiritual delante de ti. Debes aprender a ser humilde. Los trabajos que atraes te están dando la oportunidad de aprender esto. Una vez que hayas aprendido a ser humilde, encontrarás un trabajo que te dignifique. Esto te parecerá difícil de aceptar, pero es tu actitud la que te crea estos problemas. Es mucho más fácil ser amable que estar enfadado –hice una pausa.

Su respuesta me sorprendió sobremanera:

—Lo intentaré. No soporto estos trabajos de bajo nivel, pero si eso es lo que tengo que hacer, lo haré.

Le aseguré que no había trabajos de bajo nivel, sólo actitudes de bajo nivel. Todo trabajo es importante y uno obtiene lo que se ha ganado. Lo insté a que recordara por qué lo habían despedido y a que cambiara su comportamiento.

Abandonó la sesión con dirección a otra entrevista de trabajo. Con suerte, se daría cuenta del efecto negativo que ejercía sobre las personas y lograría mantener un trabajo. Lionel sufría del síndrome de memoria corta. Repetía el mismo comportamiento una y otra vez, sin aprender de sus errores pasados.

Estaba atascado en su propio karma. Romper con la pauta sería doloroso porque tendría que enfrentarse con su falta de autoestima. Podía tomarle toda una vida lograrlo. Era su elección. Había dado un paso hacia el cambio al hacer el esfuerzo de hablar conmigo.

Lionel necesitaría disciplina para conservar un trabajo. Tendría que hacer el esfuerzo de ser amable. Una vez que su comportamiento se volviera natural, encontraría una paz que nunca imaginó que existiera. En ese momento su karma cambiaría y se le presentarían nuevas oportunidades.

Lazos kármicos

¿Nos reconoceremos en vidas futuras? ¿Cómo reconoceré a mis amigos si no tienen el mismo aspecto? ¿He conocido a mi marido anteriormente?

Muchos de nuestros amigos y parientes han estado con nosotros antes. Tu marido en esta vida puede haber sido tu tío o tu hermano en otra vida.

Una madre puede haber sido una hermana en otra vida. Algunos lazos entre las personas van más allá de lo racional o lo emocional. Son lazos kármicos. Estos lazos no siempre representan relaciones románticas, idealizadas y amorosas que se ven en las películas *new age.*

— SANDRA —

Después de haber salido con Pedro durante tres semanas, Sandra decidió terminar. Le dijo amablemente pero con firmeza que no estaba interesada en la relación. Él no reaccionó con violencia ante la noticia, sencillamente empezó a seguirla a todas partes. Aunque este tipo de comportamiento es a veces causa de una obsesión u otros temas psicológicos, en este caso resultó ser kármico.

Normalmente, Pedro era una persona tranquila, sólo se desequilibraba con Sandra. La siguió durante dos años. Aunque nunca la amenazó con violencia física, su presencia la ponía nerviosa. Cuando los amigos hablaban de esto con él, explicaba que era su «deber protegerla. No puedo dejarla sola». Como nunca le había hecho daño, la policía no podía intervenir.

Sandra vino a verme en un estado de pánico, rogando que la aconsejara. Cuando se sentó delante de mí pude ver claramente una vida pasada en Grecia. A pesar de que nunca había visto a Pedro ni en fotos, fui capaz de dar una descripción exacta de él. En Grecia, Pedro era un guardia del ejército del rey y Sandra era la hija del monarca. El trabajo de Pedro había sido cuidar de esta chica, pero se había relajado en su misión y ella había sido asesinada. La pena y la culpa aún lo abrumaban.

Sandra me miró como si yo estuviera un poco loca. «Genial. ¿Y ahora qué hacemos?».

Le dije que debía hacerle comprender a Pedro que estaba reaccionando a una experiencia de una vida pasada. Si mi lectura era correcta, su subconsciente lo reconocería inmediatamente y su misión habría acabado.

Sandra me trajo a Pedro y le conté la historia. Escuchó con educación y después de la sesión Sandra me informó alegremente que ya no la seguía. Esto fue hace dos años y él no ha vuelto más. Su memoria subconsciente aceptó la lectura de la vida anterior. Él logró dejar ir la culpa de haber fallado en su misión. Esto liberó a Pedro y, por consiguiente, también a Sandra.

Es raro que yo reciba este tipo de información. Debemos ser cuidadosos de no utilizar el karma para escapar de nuestra responsabilidad por nuestro comportamiento. No podemos ignorar el karma, pero no debe impedir que observemos nuestros problemas desde un punto de vista racional o emocional.

⁂

La gente no suele reencarnarse con la misma apariencia física. La personalidad y el cuerpo astral se disuelven cuando el alma está preparada para regresar a la Tierra. Tu sexo cambia según las lecciones que el alma necesite aprender. A veces se necesita un cuerpo masculino y otras uno femenino. Obviamente, si tu karma es el de ser la madre de un alma encarnada, necesitas un cuerpo de mujer. Si has de ser un gran tenor, entonces precisas de un cuerpo masculino. Gobierna el sentido común.

A veces un alma en particular ha sido hombre en encarnaciones previas, pero ahora es necesario que sea mujer. La transición puede ser difícil. En estos casos la persona puede parecer muy masculina, ya que el ego encarnado retiene muchos recuerdos de vidas pasadas. Esto también sucede en el sentido contrario. Un hombre afeminado puede haber sido mujer en diez vidas anteriores y, por consiguiente, la transición a un cuerpo masculino es incómoda.

Algunas personas se encuentran y sienten que siempre se han conocido. A menudo han estado juntas en vidas anteriores y sus karmas les han permitido reunirse.

— GAIL Y ERIC —

Gail y Eric se conocieron en un viaje a Italia. Ambos viajaban solos. En Venecia se cruzaron en repetidas ocasiones. La tercera vez que esto sucedió decidieron cenar juntos. Ambos se habían sentido atraídos por Italia desde que eran pequeños; ambos estudiaron italiano en el colegio y se les daba bien. Gail iba a ver todas las películas italianas que daban en Nueva York y sólo le gustaba la comida italiana.

El padre de Eric le regaló el viaje porque éste se negaba a ir a la universidad a menos que pudiera regresar a «casa», como solía llamar a Italia. Ambos estaban sorprendidos de lo familiar que les resultaba este país que nunca antes habían visitado. Ambos compartían un sueño recurrente: estaban en Venecia, buscando a alguien a quien no lograban encontrar. Pasaron el resto del viaje juntos recorriendo el país de sus sueños. Al regresar a Nueva York se casaron, terminaron su educación y se fueron a vivir a Italia. Eric escribe para un periódico italiano y Gail trabaja en un museo. Nunca había conocido a dos personas tan felices. ¿Es el karma? ¡Yo diría que definitivamente sí!

Todos nosotros hemos vivido muchas vidas y hemos conocido mucha gente en nuestros viajes. Nuestras almas se vuelven a unir cuando existe una razón kármica.

Si le has causado dolor o daño a alguna persona, te verás forzado a enfrentarte a ella otra vez. Si le has dado amor y alegría, te serán devueltos. Tu ser superior lo sabe todo; es la parte de nosotros que crea nuestras vidas individuales. Este ser divino regresa a la Tierra con la finalidad de ganarse la libertad. No existe ningún Dios personal externo en los cielos que juzgue nuestros actos. Nuestros actos se juzgan a sí mismos.

El karma y la reencarnación no excluyen a nadie ni a ninguna religión. No importa si eres cristiano, judío, hindú, musulmán, budista o de cualquier otra religión. Lo que importa es cómo vives. Tu lugar en la vida después de la muerte lo ganarás por medio de tus acciones en esta vida. No existen diferencias de raza, sexo ni religión. No es necesario creer en una vida posterior, pero es un apoyo. Ayuda a hacer la transición con mayor facilidad. Cuanto más consciente sea una persona, más cosas podrá experimentar. Las personas que creen necesitan muy poco descanso después de la transición. Están demasiado emocionadas como para detenerse a descansar. Los no creyentes, sin embargo, necesitan tiempo para adaptarse. Con frecuencia necesitan permanecer en un estado parecido al sueño durante un período. No es algo malo, pero no es tan satisfactorio. El hombre que se duerme en el cine se despierta descansado, pero se ha perdido la experiencia.

Todas las vidas nos proporcionan muchas oportunidades para mejorar. Es emocionante y estimulante disfrutar de cada momento de nuestra vida. Esto se aplica tanto al mundo físico como al espiritual. Ahora, ha llegado el momento de visitar los reinos del espíritu.

Capítulo 3

EL CIELO

Tradicionalmente, siempre se ha pensado que el cielo es un lugar de felicidad suprema, un estado espiritual de eterna comunión con Dios. Dios es definido a veces como la realidad suprema y otras como amor. Se deduce que el cielo es un lugar de amor.

El lugar al que llamaré el cielo es un lugar al que llegas si te lo has ganado por tus actos. Una persona amorosa se gana su sitio en el cielo, el hogar de los que aman, viviendo una buena vida en la Tierra. Saborear un helado en una calurosa tarde, conducir entre montañas, abrazar a la persona que amas, escuchar tu música favorita, contemplar grandes obras de arte, terminar un proyecto difícil o descansar en la playa son tan sólo unas pocas cosas que nos pueden hacer sentir celestiales.

Diez personas distintas te darán diez ejemplos diferentes de lo que es su cielo. Para Terry sería una tarde explorando tiendas de antigüedades seguida de una cena a la luz de las velas con su marido. Mort encuentra que el cielo es observar las estrellas con su telescopio, mientras que Lee considera que su ideal sería ganar un partido de tenis. Elena quiere perder cinco kilos sin hacer dieta y Joe simplemente aspira a encontrar a la mujer de sus sueños y casarse con ella. Dinero es todo lo que Clifford desea, mientras que Shari piensa que el «trabajo perfecto» la haría feliz. Para Leslie, que tiene cáncer, la salud perfecta sería el cielo y Miguel desea la paz mental.

Así como la belleza está en el ojo del que mira, lo mismo sucede con el concepto de cielo. Cuando cambiamos, cambia también nuestra idea de lo que es el cielo. Para un niño el cielo será poder comer todos dulces que desee, para un adolescente ser aceptado por sus compañeros, mientras que una abuela experimentará lo divino cuando su médico le diga «Su salud es perfecta».

El cielo de un hombre puede ser el infierno de otro. Una persona que no tolere las estructuras no encontrará paz en un ambiente corporativo en el que su creatividad esté estrangulada; su libertad le importa más que la seguridad económica. Por otro lado, aquellos que necesiten seguridad no estarían cómodos viviendo la vida de un hombre de negocios. Mejor hacer menos dinero sabiendo que es estable que vivir en una situación de riesgo. De igual manera, una mujer que le tenga terror a la soledad puede permanecer en un matrimonio que no la satisface antes que arriesgarse a vivir sin pareja.

Mi abuela Gracia, una mujer amorosa, era feliz sentada en su silla verde, descansando. Para ella, esto era y sigue siendo el cielo. A través de sus acciones terrenales se ganó el derecho a descansar en paz de la forma que ella hallaba más placentera. Habiendo hecho el pasaje al mundo del espíritu sin miedo, pudo hacer lo que quería: sentarse en su silla preferida y mirar lo que pasa a su alrededor. En su debido momento, cuando esté preparada, podrá experimentar otras partes del mundo del espíritu si así lo desea.

Mientras tanto, su hermana gemela, la tía Mayme, está ocupada explorando todo lo que hay para ver en el mundo del espíritu. Mayme hizo el paso muchos años antes que abuela, pero cuando aún vivía, abuela Gracia siempre hablaba de la inquietud de su hermana. Esta característica se trasladó al mundo del espíritu. Para Mayme, hubiera sido una tortura pasarse todo el día sentada en una silla, aunque para abuela Gracia fuera divino. Cada una de ellas puede vivir en espíritu de la manera que prefiera.

Devachan

Devachan es la palabra sánscrita que significa «cielo», también conocida como «el lugar de los dioses».

La gente de buen carácter va al *devachan*, un «estado de consciencia» entre vidas terrestres. El tiempo que uno pasa ahí entre vidas varía según el karma individual.

En el *devachan* estás rodeado de aquéllos a los que conociste en el plano terrestre. Como se trata de un estado de vida celestial, puedes ver a quien te plazca y hacer lo que más te apetezca, libre de los problemas y dolores de la vida física. Este estado de felicidad se interrumpiría si nos involucráramos con los problemas de nuestros seres queridos que permanecen en la Tierra.

Por ejemplo, el padre que muere dejando a su mujer lidiando con su hijo adolescente no encontraría la paz si observara los problemas de su familia. Como no está ahí no puede cambiar nada. Es cierto que «amamos más allá de la tumba», simplemente no amamos de una forma improductiva. En lugar de eso, amamos de una manera absolutamente libre de egoísmo en la que la comprensión reemplaza al sentimentalismo. El padre comprende que los seres queridos que dejó atrás deben experimentar sus lecciones, su karma. Se reunirán cuando llegue el momento. Recuerda, el sentido común gobierna en el mundo del espíritu. Si no puedes cambiar una situación, no permanezcas en ella. Sigue tu camino. Teniendo esto en mente, procederemos a observar los diferentes reinos del mundo espiritual.

Reinos

Cuando era pequeña me hablaron del cielo, el infierno, el purgatorio y el limbo. El cielo era el lugar donde Dios vivía y donde todas las buenas personas vivían con ángeles y música. El infierno era un sitio horrible con fuego y demonios. El limbo era el lugar donde vivían los niños que no habían sido bautizados. Me perseguían imágenes de bebés flotando en el espacio entre la Tierra y el cielo. No podía comprender cómo podían hacer sufrir a esos pobres bebés por no haber cumplido con una ceremonia.

Afortunadamente, estos malentendidos empezaron a aclararse cuando yo tenía siete años. Mi clarividencia me proporcionó una visión muy distinta de la vida después de la muerte, lo cual me permitió concentrarme en el plano astral. Las esferas que denominamos cielo o *devachan* eran impresionantes. Contemplar las esferas más bajas o infernales fue y sigue siendo muy perturbador para mí.

Vista general del cielo

Existen muchos reinos diferentes en *devachan*. Nos ganamos nuestro sitio mediante nuestro desarrollo espiritual y nuestro carácter. Es como subir una escalera. Cada escalón nos acerca más a la cima. Algunos suben despacio, temerosos; otros rápido, sin miedo. Finalmente, todos llegarán a la cima. La clave está en el proceso. Cada escalón que nos acerca a la felicidad debería ser saboreado. Como ha dicho Lorenzo en repetidas ocasiones: «¿Por qué darse prisa? Tenemos toda la eternidad por delante».

Es difícil describir lo que verás al entrar en los reinos. Primero verás gente a la que amas esperándote en la frontera. La emoción es contagiosa. Es un honor poder enseñarle a la gente nueva lo que hay en el *devachan*. Los colores son impactantes. Todo es mucho más vívido y brillante que en la Tierra.

Cada una de las partes del mundo del espíritu parece estar absolutamente viva. imagínatelo: un mundo sin decadencia, sin enfermedad y sin negatividad.

Los jardines por doquier son exuberantes, exóticos y parecen interminables. Los únicos jardines comparables que he visto en la Tierra son los de Findhom en Escocia y en la casa de campo de *sir* William (el maestro de Lorenzo).

Cuando visité Findhom por primera vez me sentí maravillada por las rosas, el tamaño de los cantalupos, que florecían por mucho más tiempo que cualquier otra rosa que yo hubiese visto jamás. Findhom es un sitio verdaderamente extraordinario, un lugar mágico. Eileen Caddy, una mujer encantadora con un talento especial como médium, recibió la indicación de crear Findhom. Eileen había recibido mensajes espirituales que le indicaban que se comunicara con «espíritus de la naturaleza»; duendes y hadas que le enseñaron a mejorar los jardines. Fue un experimento que funcionó de maravilla, y para mí fue muy emocionante vivir el misterio de Findhom.

Todos los tipos de flores y árboles que jamás haya visto llenan estos impresionantemente hermosos jardines astrales. Los ríos en espíritu son del agua más pura; cada gota brilla como un diamante. Cada reino está dividido por un cuerpo de agua. Al crecer espiritualmente, nos trasladamos a un reino más alto. Cuanto más alto es el reino, más clara es el agua. El brillo de la luz se intensifica a medida que vamos ascendiendo por la escalera del desarrollo del alma.

Este crecimiento tiene lugar en el mundo físico. Al convertirnos en una persona mejor pasamos a un reino espiritual superior. Recuerda, nuestro lugar en el cielo es creado por nuestras acciones terrenas.

Hay una gran actividad en el *devachan*. Te sentirás atraído hacia la actividad que te interese. Si, por ejemplo, deseas saber más sobre tu profesión terrestre, existen espíritus maestros. La instrucción está a tu disposición.

Hay barrios con casas perfectas traídas por aquellos que desean continuar viviendo en ellas. Es agradable para muchos vivir en una réplica en espíritu de su casa de la Tierra (abuela Gracia es una de los muchos que viven en una casa).

El cielo es una continuación del estado mental que tienes al morir. Puedes tener una casa si así lo deseas, aunque no la necesitas. Es tu elección. Como en esta tierra nada decae, las casas espíritu no necesitan mantenimiento. Exudan un encanto natural.

Galerías de arte

Las pinturas originales de todas las pinturas que jamás se hayan hecho en la Tierra están expuestas en las galerías astrales. En el mundo físico no es posible crear una obra de arte «real» porque nosotros no tenemos las herramientas para trasladar un pensamiento al lienzo. Todo es creado primero en espíritu y luego es transferido al mundo físico. Inevitablemente, algo se pierde en el proceso. Éste es un concepto difícil, pero estará muy claro cuando veas las obras de arte que cuelgan en el *devachan*. Hay algunas conocidas como, por ejemplo, Monets y Gauguins, pero parecerán impactantemente diferentes, vivas, con una apasionada energía. Los colores son más intensos que los de la Tierra, y las obras en espíritu no se desintegran como las del mundo físico. Es emocionante ver obras de arte intactas a través del tiempo.

Personalmente, Maxfield Parrish siempre ha sido uno de mis favoritos. Pluma Blanca me ha ayudado a encontrar sus obras. (Las galerías son tan enormes que necesitas ayuda para localizar obras específicas). Tuve que aprender a enfocar mi pantalla astral en la obra de Parrish. Nunca había visto un azul tan intenso como el que logra en el mundo del espíritu.

Todavía disfruto sentándome en museos de arte, mirando cuadros. Me da una sensación de paz, un consuelo espiritual al saber que estoy en la vibración de la grandeza y la bondad. Al ver el arte en espíritu, sé que la inspiración nace en este reino, que las ideas son concebidas en espíritu y canalizadas a través de aquellos en la Tierra que tienen el talento.

Fuera de las galerías-espíritu, muchas personas están ocupadas trabajando en varias formas de arte. He visto profesores examinando las obras de los artistas y ayudándolos. Me pareció que tenía sentido que la educación del arte tenía lugar en el aura de las galerías. Esta aura resaltaba la pasión de la inspiración por su belleza. El estudiante podía ver las grandes obras y aprender de ellas.

La educación continúa más allá de la tumba. No necesitas estudiar, puedes limitarte a observar la obra. Nunca hay suficiente tiempo en la Tierra para aprender lo que nos interesa porque estamos ocupados con los asuntos del cuerpo. Como esto no sucede en espíritu, podemos trabajar u observar sin interrupción. Muchos artistas famosos comparten sus conocimientos con otros, aunque algunos optan por trabajar en una relativa reclusión.

Cuando el artista-espíritu crea, algunas formas de pensamiento pueden ser enviadas a gente receptiva con talento en el mundo físico.

Ésta es una de las razones por las cuales ciertos artistas son comparados con otros que ya han muerto. No es siempre cuestión de copiar o estar influenciado por sus obras en el mundo metafísico (aunque el ejemplo es un gran maestro). La mayoría de las grandes producciones de cualquier tipo son una síntesis de muchas vidas de preparación y de inspiración astral.

Bibliotecas

Pluma Blanca también me ha mostrado las bibliotecas donde millones de libros se extienden más allá del alcance de la vista.

Todos los manuscritos originales están aquí, así como también la historia real de todo lo que ha sucedido.

En el reino físico, los historiadores registran su propia interpretación de los hechos. Uno puede escribir una descripción de una batalla bastante diferente de la de otro que narre el mismo incidente histórico. En el plano astral existen libros que registran exactamente lo que sucedió, no la opinión de alguien. Esto es el goce para un historiador que ha intentado durante toda su vida reconstruir el pasado.

Se puede leer un relato detallado de los continentes perdidos de Mu o la Atlántida. Las batallas de Napoleón, la corte de Arturo, el lugar de Merlín en la historia de Inglaterra y los últimos momentos en la vida de Toro Sentado son apenas algunos de los volúmenes que descansan en las estanterías. Imagínate poder leer sobre cualquier cosa que te interese (algunos libros sólo están disponibles para aquellos que se han ganado el derecho de leerlos. Estos libros que residen en los reinos más altos no los comprendería un neófito). Por supuesto, no tienes que hacer ni leer nada que no desees en los reinos celestiales. Nadie juzgará tus elecciones literarias ni tu gusto artístico. Resides en el lugar que te has ganado. Aquellos que se merezcan la paz no serán molestados. Como cada uno de nosotros tiene diferentes ideas de lo que es la felicidad, se nos da muchas opciones.

— MOLLY —

Molly murió debido a problemas cardíacos hace un mes. Nacida con un problema congénito al corazón, siempre supo que no viviría muchos años. No era una persona negativa en absoluto, era simplemente pragmática. Había sobrevivido a tres operaciones arriesgadas. La conocí poco tiempo después de su última operación.

Entró en mi apartamento sin aliento y muy nerviosa, y me impresionó su pelo intensamente rojo. Me agradeció que la recibiera sin previa cita. Me había dicho que era una emergencia, de modo que le di una hora inmediatamente.

—No sé muy bien cómo empezar –dijo con gran intensidad. Me cayó bien de inmediato; irradiaba calidez y generosidad.

—Mary, nunca antes he hablado con una psíquica. Creo que tú eres la persona que he estado buscando. –Se detuvo. Pude ver que no se encontraba muy bien. Su apariencia externa era normal, aunque estaba un poco pálida y delgada. Lo que me reveló la debilidad de su condición fue el particular color verde de su aura.

—Estoy bastante enferma –dijo sin sentimiento.

—Es tu corazón –le confirmé.

—Ahora veo cómo funciona tu don –rio.

Molly se puso seria y me contó su historia. Básicamente, había «muerto» en la mesa de operaciones. Había visitado el plano astral y había regresado a su cuerpo. Me relató su aventura con vívidos detalles. Primero oyó que el médico le gritaba a la enfermera: «¡Dios mío, la estamos perdiendo!». A continuación se encontró flotando por encima de su cuerpo, observando cómo intentaban revivirla. Mientras miraba su cuerpo sobre la mesa, oyó un fuerte estruendo, casi un rugido, seguido de un movimiento rápido. Entonces sintió que se desplazaba hacia una luz brillante y vio la sombra de una persona a lo lejos.

—¿Sentiste miedo? –le pregunté.

—Ni por un segundo –me respondió.

Su tío Al fue el encargado de recibirla. Le pareció extraño verlo, ya que no habían estado particularmente unidos antes de que él muriera. Él esbozó una sonrisa cálida y la hizo sentirse segura. La tomó de la mano diciéndole que debían darse prisa ya que tenían poco tiempo.

Uno de los recuerdos más vívidos era que sentía los pies y las piernas fríos, no así la parte superior de su cuerpo. Al le dijo que se cogiera fuerte para no caer, ya que ella no sabía cómo moverse en el mundo del espíritu. Se rio al contarle lo gracioso que era ver a las nuevas almas caer cuando intentaban «caminar como espíritus». Lo comparó con una película de Chaplin.

Para Molly era como volar. Llegaron hasta una estructura que parecía gótica. Al entrar, Al le dijo que había alguien que quería hablar con ella. Entraron en lo que parecía una sala de juntas. Había una enorme mesa con aproximadamente cien sillas. La mujer sentada a la cabecera les instó a darse prisa.

Al se movió rápidamente. La mujer le dijo a Molly que se sentara, que no había nada que temer.

—Óyeme bien. Tienes un trabajo que realizar en la Tierra. Cuando lo hayas terminado regresarás con nosotros –le dijo firme pero amablemente a Molly.

Presintiendo la desilusión de Molly ante la idea de volver a la Tierra, la mujer la reprendió.

—Ahora no te comportes como un bebé. Aceptaste hacerlo antes de nacer. No importa que ahora no recuerdes el acuerdo. Es una situación kármica.

La mujer le explicó a Molly cuál sería su tarea: debía regresar al mundo físico y encontrar a una psíquica llamada Mary que vivía en el Greenwich Village. Molly debía contarle su historia de su visita al plano astral.

La señora continuó explicando que dicha psíquica estaba escribiendo un libro sobre sus experiencias personales con visiones del otro lado, y la historia de Molly sería de ayuda para educar a otros. Le dijo a Molly que Mary le transmitiría la información al público.

—Cuando encuentres a Mary mándale recuerdos de parte de la «vieja señora». Ella sabrá de quien se trata. ¿Alguna pregunta?

—¿Cuál es el apellido de la psíquica? ¿En qué parte del Village vive? ¿Cómo la encontraré? –cuestionó Molly.

—Eres una chica inteligente. Tu trabajo consiste en encontrarla, no puedes esperar tener todo en bandeja. Sabrás que es la persona indicada porque estará escribiendo un libro. Al, lleva a tu sobrina por los jardines y después enséñale el camino de regreso. Estaré esperándote cuando regreses a este lado de la vida. Ahora vete, tienes trabajo que hacer. –La señora se despidió con la mano.

Entonces Molly me dijo:

—Ojalá pudiera describir la belleza de los jardines. Nunca he visto flores como las que allí había. Están tan vivas que esperas que te saluden. Comprendí por qué lo llaman el paraíso. Me hubiera quedado eternamente mirando el paisaje, pero Al me dijo que tenía que regresar a mi cuerpo.

»Lo siguiente que recuerdo es despertar en la sala de recuperación. –Molly se detuvo y esperó mi respuesta. Percibí que temía que no le creyese.

—¿Cómo me encontraste? –pregunté.

—Primero, cuando desperté, me sentí confundida. Me tomó días recordar todo el incidente. El médico me dijo que casi me había ido. Todos habían estado muy preocupados. Mi hermana lloró, me contó que había estado muerta y que era un milagro que viviera. Cuando recuperé las fuerzas, tuve un gran deseo de contarle a la gente lo que había visto. Mi hermana no me creyó del todo. Decidí no contárselo a mis padres; no parecía necesario. –Hizo una pausa.

A continuación, Molly me relató mi búsqueda. Como nunca antes había ido a un psíquico, no estaba familiarizada con nadie en la profesión. Llamó a varias iglesias espirituales sin suerte. Sus amigos no fueron de mucha ayuda. La búsqueda concluyó cuando cogió una revista en la consulta de su doctor y vio un artículo sobre varios psíquicos, incluyendo a Mary T. Browne, que vive en Greenwich Village.

—Estás escribiendo un libro, ¿no es así? –Contuvo la respiración esperando mi respuesta.

—Sí, Molly, así es.

Empezó a llorar lágrimas de alivio y le aseguré que su historia sería contada.

—Molly, ¿podrías decirme un poco más acerca de la «vieja señora»? –pregunté.

—Era una señora muy grande. Llevaba la cabeza cubierta con una bufanda. Su ropa parecía ser del siglo pasado. Hablaba rápido con un acento que no supe reconocer. Me impresionó la intensidad de sus ojos. La mujer parecía estar muy ocupada. Su presencia hubiera sido intimidante si yo no hubiera sentido un gran flujo de amor que venía de ella. –Se detuvo para recobrar el aliento–. ¿Quién es y por qué se hace llamar la «vieja señora»? –inquirió Molly.

Le expliqué que era una maestra mía. Molly estuvo en lo cierto al decir que sus ropas eran del siglo pasado, ya que ella había muerto en 1891. Puede parecer poco respetuoso llamar a alguien «la vieja señora», pero en este caso es un nombre afectuoso que sólo utilizamos los más allegados a ella.

«La vieja señora» continúa trabajando en espíritu, inspirando a cierta gente. He estado sintonizando con ella durante veinte años y su influencia desde el otro lado ha sido un gran apoyo para mi trabajo. Los espíritus no ayudan cuando nos lo hemos ganado. A menudo, «la vieja señora» viene a mí directamente. Todo lo que ella hace tiene una razón específica. Ella utilizó a Molly como mensajera para educar a la gente sobre las experiencias cercanas a la muerte.

Molly y yo nos hicimos grandes amigas. Ella absorbía conocimientos como una esponja. Le presté libros sobre la reencarnación y el karma. Conocí a su familia. Eran gente agradable que amaba mucho a Molly. No fue difícil convencerlos de la realidad de su viaje. Como eran personas profundamente espirituales, creían en la vida después de la muerte. Muchas veces ella se reía y me recordaba que era mi trabajo informar a la gente, no el suyo.

Molly murió hace menos de un año. Yo me encontraba en casa de su madre la noche antes de que muriera. Quedaba poco por decir. Sus últimas palabras para mí fueron:

—¿Qué puedo hacer por ti ahí?

—Dale las gracias a «la vieja señora» de mi parte. También busca, por favor, a mi amigo Nicky y dile que lo quiero mucho –le respondí.

—Lo haré gustosa –respondió. Se quedó callada un momento y luego preguntó–: Mary, ¿tú crees que podré ayudar a «la vieja señora»? He pensado muchas veces en preguntártelo. Sé que mucha gente trabaja en el mundo del espíritu.

»¿Es arrogante de mi parte pensar que «la vieja señora» podría necesitar mi ayuda? Sé que me iré pronto; no hago más que ver al tío Al cada vez que cierro los ojos. Me dice constantemente que estaré en casa pronto. –Descansó.

—Molly, estoy segura de que podrás ayudarla. Serías una ayudante maravillosa. No olvides que estás relacionada kármicamente con «la vieja señora». No fue un accidente que tú fueras escogida para traerme el mensaje. Has ayudado a muchos con tu historia y tu valentía personal. Continuarás ayudando al otro lado.

A la mañana siguiente partió hacia el «hogar». He contado su historia, tal como le prometí.

Adoración

No importa cuál sea tu afiliación religiosa en la Tierra. Cuando seas espíritu podrás rezar si así lo deseas. Al llegar al mundo del espíritu, mucha gente ve que no es necesario. Toda vida de servicio es una forma de plegaria; cualquier acto de gratitud es rezar. Encontrarás servicios de todas las denominaciones en el mundo del espíritu y puedes escoger participar en ellos o no. Algunas personas se sienten mejor en la vibración de sus iglesias o templos terrenales.

Un enorme centro espiritual sin denominación está ubicado en medio de la actividad. Todos son bienvenidos. En el centro hay un gran órgano. Grandes vitrales le proporcionan al edificio una espectacular belleza. No es inusual oír a Liszt o a Bach tocar para el disfrute de todo aquel que quiera oír. Otros grandes maestros tocan para inspirar a otros espíritus. A veces uno puede oír la música en la Tierra.

La música

A medianoche, en la Nochebuena de 1984, estaba sentada en mi sala con unos amigos, charlando, cuando oí el débil sonido de una música. No era de este mundo y al mismo tiempo era muy real. Al concentrarme, la voz de una mujer que cantaba *Noche de paz* fluyó por mi mente. Oí claramente un coro de ángeles y decidí enfocar mi visión en el mundo astral.

La cantante era *madame* Schumann-Heink. Reconocí su voz, no su rostro. Había un enorme árbol de Navidad con velas encendidas y miles de personas contemplaban el concierto. Le conté todo lo que había visto al grupo que estaba en mi apartamento.

Desde aquel año, he podido sintonizar el concierto todas las Nochebuenas. El mundo del espíritu celebra la Navidad el mismo día que la festejamos en la Tierra. A pesar de que no necesitan hacerlo porque ellos viven cada instante en el espíritu navideño, es un acto respetuoso para con aquéllos en la Tierra que disfrutan celebrando las fiestas. Por descontado, no se espera que nadie asista a ninguna ceremonia que no forme parte de su sistema de creencias. Existen ceremonias para todas las religiones, abiertas a quien quiera asistir.

Los cantantes talentosos que hacen el tránsito disfrutan utilizando sus voces como espíritus, de manera que hay actuaciones a todas horas. Los músicos están ocupados continuando su trabajo. Los compositores utilizan cantantes para intentar nuevas obras o para o escenificar piezas. Las orquestas, al no tener ya que depender de donaciones, florecen como espíritus. La música del mundo del espíritu es más vivaz y más íntegra. La mejor manera de explicar la diferencia entre la música de la Tierra y la del cielo es comparando el mono con el estéreo.

Mozart

En 1985 y 1986 fui visitada frecuentemente por Wolfgang Amadeus Mozart. En esa época tenía un grupo de clientes muy talentosos que utilizaban mucho la música en sus proyectos.

Durante una sesión con uno de ellos, miré mi piano y ahí estaba Wolfgang, de pie, vistiendo un atuendo del siglo XVIII. Dio la casualidad de que en ese momento estábamos oyendo un fragmento de *La flauta mágica*. Encantado, me decía una y otra vez: «Ésa es mi música».

Me visitó al menos en diez ocasiones durante un período de dos años. Siempre se colocaba en el mismo sitio junto a mi piano, apareciendo únicamente cuando podía influir en clientes creativos. Éstos, al no tener dones clarividentes ni clariaudientes, no podían verlo ni oírlo. En algunas ocasiones algún cliente comentaba lo impresionantes que eran mis conocimientos sobre música. ¡Si lo hubiesen sabido!

Aprendí mucho sobre música y sobre el espíritu de *sir* William, el maestro de Lorenzo. *Sir* William había sido un gran compositor y compartió algunas de sus obras conmigo. Yo lo había visitado en su casa de campo, así como en su casa en la ciudad. Me habló de los diferentes «devas de la música» (*deva* también significa «ángel» o «espíritu») que trabajan para inspirar a la humanidad con formas de pensamiento musicales. *Sir* William me hablaba mucho de curar a la gente con música (mental, física y espiritualmente) en un futuro utilizando combinaciones de tonos. Las combinaciones apropiadas podrían afectar directamente al sistema nervioso, ayudando a equilibrar todo el cuerpo.

Estaba bastante desanimado por la dirección que había tomado la música en este siglo. Sentía que «demasiadas formas de pensamiento negativas han permeabilizado la música por la vibración de las drogas que han entrado en las auras de los músicos. Esto ha creado desarmonía. Es necesario ser un canal despejado, libre de sustancias que puedan contaminar la fuerza creativa, para poder escribir música curativa. El alcohol y las drogas son malas influencias para el desarrollo espiritual del hombre». *Sir* William cree que la humanidad será cada vez más consciente de esto. «Estoy encantado de que la música de algunos de nuestros grandes amigos como Mozart haya sido utilizada en películas populares –dijo–. Esta influencia ha sido positiva para el planeta Tierra. Abre las mentes a esta hermosa vibración. Muchos no habrían oído esta gran música si no hubiese sido reintroducida a través del cine» agregó.

Le pregunté por qué nunca se oía *rock* al otro lado. Yo sólo había oído música clásica y óperas. Me explicó que la música *rock* no puede sobrevivir en el *devachan* porque su vibración es terrestre. No es que sea ni buena ni mala; sencillamente se disipa antes de llegar a los reinos más altos.

Todas las personas que había visto en *devachan* parecían ser muy felices con la música elegida. Lo que me dijo *sir* William tenía sentido. No era una cuestión de gustos, sino de vibraciones.

Sir William

La única cosa más maravillosa que sentarme con mi querido amigo Lorenzo era estar en compañía de ambos, Lorenzo y su maestro, *sir* William.

En el otoño de 1992 se cumplían tres años desde la última vez que había estado en presencia de *sir* William. Había pensado a menudo sobre mis encuentros anteriores con este gran hombre, que poseía una calidez incomparable, sanadora y tranquilizadora. Siempre me sentía calmada en su presencia. Parecía tener sesenta y tantos años, pero era difícil saber su edad exacta. Sus ojos tenían el brillo de una persona muy joven y una intensidad increíble. Lorenzo le tenía un gran respeto a *sir* William.

Podéis imaginar mi felicidad cuando recibí una nota invitándome a visitarlo en el campo. Un coche me recogió a la hora prevista y llegamos a la casa unas horas más tarde. Yo había estado ahí antes, pero, sin embargo, la belleza me pareció aún mayor de lo que imaginaba. El paisaje y el follaje eran sólo comparables a mis visiones astrales.

Cuando me encontraba contemplando el fantásticamente hermoso jardín oí la voz de Lorenzo.

—¿Pensando en Escocia? –preguntó.

Asentí. No me sorprendió oír que él también había estado aquí.

Le conté a Lorenzo que había visto el espíritu de un querido amigo mío mientras me encontraba en Escocia; alguien que había muerto poco antes de que yo llegara a Findhom. Su paso me había causado muchísima tristeza. Aunque yo comprenda que nadie muere, echo mucho de menos a mi querido amigo.

Juan, Escoda y la conexión kármica

Caminé sola hacia el pueblo de Findhom en una fría tarde. Había una ligera neblina. Aunque mi intención había sido ir por un camino directo hacia el pueblo, algo me hizo girar hacia un camino lateral. Me sentí sobrecogida por una repentina fatiga, de manera que decidí sentarme junto a un árbol.

Me recorrió un ligero escalofrío. De repente, de pie, delante de mí, estaba mi difunto amigo Juan. Realizó una pequeña danza para mí y empezó a reír. Juan había sido actor y director mientras estaba en la Tierra. Era obvio que aún mantenía su vena teatral como espíritu.

Había muerto hacía poco tiempo en un accidente automovilístico en Nueva York. Al principio me sentí muy mal al ver que mi pena por su ausencia lo había hecho sentirse obligado a visitarme.

Sí, la muerte de Juan había sido una conmoción y yo lo echaba mucho de menos. Había sido mi mentor. Nos conocimos en la universidad y los dos nos mudamos de Iowa a Nueva York casi al mismo tiempo. Sus reflexiones sobre la actuación siempre fueron de gran ayuda para mí. Sin embargo, jamás lo hubiera atraído intencionalmente hacia el mundo físico para consolarme.

Al mirar a Juan, me confundía el hecho de que hubiera venido a Escocia.

Rio al hablar de su muerte.

—Fue un accidente –dijo con un tono sarcástico.

Siguió explicándome cómo su forma de pensar había cambiado cuando llegó al otro lado.

—No hay accidentes en un universo perfectamente ordenado y gobernado por leyes universales –explicó–. Era mi hora de partir, de manera que el coche chocó. En realidad, es bastante simple. La gente lo complica demasiado –rio otra vez.

Después me dijo que dejara de sentirme culpable por el hecho de que hubiera venido a visitarme.

—Tuve muy poca dificultad para aclarar cuando llegué al mundo del espíritu. Tú siempre estabas hablando del plano astral y de la vida ahí. Tú pensabas que yo no te tomaba en serio. Era mi naturaleza hacer bromas sobre las cosas que no comprendía. Te debe haber parecido de que me burlaba de tus creencias. Lo siento si herí tus sentimientos –me dijo.

Le aseguré que no me había herido. Juan continuó con su historia.

Al llegar al reino del espíritu lo exploró durante un tiempo, maravillado por su belleza y actividad. Se encontró con su abuela y con algunos amigos que habían partido antes que él. Juan pintaba como *hobby* y era un gran amante del arte. Habló de los colores y de la vibración de las obras de arte y de su sorpresa por la magnitud de las galerías. Me contó muy emocionado que había visto a actores conocidos y autores de teatro cuyas obras él admiraba.

Juan me habló a continuación de su encuentro con un nativo americano que se le acercó y le informó que tenían una amiga mutua en la Tierra: yo.

—Hablamos de ti durante unos minutos y después me dijo que había algo que yo debía hacer –dijo Juan.

Pluma Blanca le explicó a Juan que debía visitarme en Escocia. No le explicó la razón, sencillamente le dijo que me visitara.

Uno de mis recuerdos más vívidos de mi encuentro con Juan es que parecía feliz.

Cuando estaba en la Tierra, a menudo parecía triste; no negativo, sino desanimado. Todas las vibraciones oscuras se habían disipado. Irradiaba felicidad.

Le agradecí que me hubiera transmitido el mensaje. No sentí la necesidad de abrumarlo con detalles de la vida terrestre. Cuando hubo desaparecido de mi vista, las lágrimas comenzaron a caer por mis mejillas. Eran lágrimas de reverencia y gratitud. Juan había encontrado la paz mental que había estado buscando y a mí me habían dado un regalo extraordinario.

❧

Lorenzo rompió el hechizo de mi historia tocándome el hombro.

—Ahora el viaje a Escocia sí tiene sentido. El encuentro con Juan fue un gran privilegio. Juan se ganó el derecho a ser mensajero. Ocurrió en Escocia porque tú y Juan vivisteis una vida pasada juntos en ese país. También porque es un entorno muy psíquico –explicó Lorenzo.

Al llegar a Escocia percibí que había estado ahí antes. Aunque hacía frío y llovía, me sentí estupendamente. Findhorn me interesaba mucho, pero fue el país el que me cautivó. Le pedí a Lorenzo que me explicase mi vida pasada con Juan.

—Juan era tu hermana. Las dos vivíais cerca del lugar donde se apareció ante ti. Cuando conociste a Juan por primera vez en el colegio, ¿te resultó familiar? –inquirió Lorenzo.

—Juan era mucho mayor que yo. Cuando yo empezaba, él ya estaba en tercer año. Nos conocimos en una tienda de disfraces donde él estaba diseñando el vestuario para una obra de teatro e intimidaba a todo el mundo con su humor cáustico. Me ladró una orden y lo mandé a paseo.

»Se quedó mirándome fijamente y rompió a reír. A partir de ese día fue mi mejor amigo en la escuela. Supongo que en esta vida también fue como una especie de hermana. Poseía una buena una buena combinación de energía masculina y femenina. Podíamos hablar durante horas sobre cualquier tema. Era una de las pocas personas con las que podía hablar de metafísica en la universidad y siempre me sentía cómoda estando con él –respondí.

La felicidad

Después de esta lección, Lorenzo me llevó a ver a *sir* William.

La mansión de estilo Tudor estaba tal cual yo la recordaba. Lorenzo me acompañó a la biblioteca. *Sir* William estaba sentado en una butaca con su perro a los pies.

—Ven, mi niña, déjame verte –dijo sir William con una gran calidez.

—La última vez que estuviste aquí yo estaba en un viaje de negocios. Oí que Lorenzo te llevó de paseo. ¿Qué te parece nuestro agradable hogar?

Tomó mi mano y asintió mirando hacia la silla que se encontraba a su lado. Me senté y luego respondí:

—Esta es mi idea del *devachan*.

Los dos hombres rieron.

—Bueno, estarás tan ocupada trabajando en el *devachan* que no tendrás tiempo de disfrutar sentada en casa –respondió *sir* William.

—Me da igual. Estaré feliz de hacer lo que pueda –le aseguré.

La puerta se abrió y nos trajeron el té. Lorenzo lo sirvió y los tres permanecimos en silencio durante unos minutos. Mientras disfrutábamos del silencio, recordé la última vez que habíamos estado juntos. «El silencio está donde el espíritu mora» había dicho *sir* William aquel día.

El silencio de aquel momento tenía una vibración hermosa. Era la paz que uno siente en una iglesia o un templo.

El viento aulló y el perro se incorporó. Lorenzo le contó a *sir* William mi historia de Escocia.

—Ciertamente, un lugar místico. Siempre he disfrutado inmensamente de mis estadías ahí. Cuando hayamos terminado el té me gustaría mostrarte mi invernadero. –Me miró.

—Me encantaría verlo. –Sonreí.

Cuando terminamos, *sir* William le dijo a Lorenzo que quería estar un momento a solas conmigo. Lorenzo pareció complacido y dijo que nos vería más tarde. *Sir* William y yo salimos afuera.

Las montañas se alzaban detrás de la casa con gran dignidad. Mientras caminábamos, *sir* William señaló varios tipos de árboles y arbustos. Había unas hermosas rosas color melón en plena floración, del mismo tipo que Lorenzo me había dejado en El Viñedo de Marta. Los terrenos eran muy anchos, cada centímetro perfectamente diseñado. Al llegar al invernadero, entramos y lo atravesamos caminando. *Sir* William tenía una impresionante variedad de hierbas. Explicó las propiedades curativas de muchas de ellas.

—Nuestros jardineros en el mundo del espíritu están analizando varias hierbas y sus cualidades medicinales. Nosotros, en la Tierra, conocemos muy pocas. Con el tiempo, cuando el hombre sea un poco más abierto, verá que toda enfermedad puede ser curada con sustancias naturales. Mientras tanto, los médicos seguirán recetando sus variadas pastillas. Los egipcios sabían mucho de curaciones. Trágicamente, la mayoría de sus documentos se perdieron cuando se quemaron las bibliotecas de Alejandría. La humanidad nunca se ha recuperado de la pérdida de ese cuerpo de conocimiento.

—¿No está todo en el mundo del espíritu? –pregunté.

—Sí, querida mía, pero la humanidad debe redescubrir la sabiduría perdida mientras esté en un cuerpo físico. No podemos interferir con el karma individual. Nuestros amigos en espíritu tienen tiempo para examinar las cualidades de las hierbas conocidas. Deben reencarnarse en el mundo físico para adquirir más conocimientos. Muy pocas almas han alcanzado el nivel necesario para comprender ciertos libros. El conocimiento puede ser peligroso en manos de aquellos que no están preparados para él. Por esta razón, la humanidad perdió gran cantidad de conocimientos. Tú sabes bien que existen muchas esferas en el mundo del espíritu. Ciertas bibliotecas de aprendizaje están en las esferas más elevadas, disponibles sólo para unos pocos dignos de adquirir estos grandes tesoros de la sabiduría. –Dejó de hablar y me estudió.

—Sentémonos aquí. –Me llevó hacia un banco.

Nos sentamos juntos en un banco que parecía un banco de iglesia. La luz se filtraba a través de las hermosas paredes y techos de vidrio. En una esquina a la derecha del banco había un magnífico vitral. La paz inundaba la atmósfera. Por un momento sentí como si ya no estuviera dentro de un cuerpo físico. La luz que entraba en la habitación se tornó más intensa. Las plantas adquirieron una profunda intensidad. Una energía apasionada envolvió todo mi ser y me sentí más viva que nunca. Esto era la felicidad absoluta. Pensamientos de amor y compasión por toda forma de vida atravesaron mi mente. Entonces me di cuenta de que me observaba. Apretó mi mano al tiempo que me sonreía con amorosa comprensión.

Sir *William habla del cielo*

—Piensa en alguna ocasión en la que te hayas encontrado en un estado de absoluta paz mental. Eso es el cielo.

»Toda preocupación ha sido erradicada. El miedo no sobrevive en este entorno. Aquí reina la armonía en toda forma de vida. El mal no tiene morada, ya que sólo es capaz de respirar en un aura de desarmonía. La materia física no existe en este plano, de manera que no puede haber decadencia.

»Los horizontes son infinitos, los reinos infinitos. Vives en tu propio sueño perfecto. Llegas a tu hogar en espíritu de la misma forma que dejaste tu hogar terrestre. Mantienes tu personalidad y tu individualidad.

»La vida física es el lugar donde debemos trabajar sobre nuestro carácter. El cielo nos permite descansar de nuestros cuerpos físicos fatigados del mundo. Nos provee de tiempo para recargar nuestras partes espirituales con el fin de continuar nuestro viaje hacia la armonía pura.

»Estarás con aquéllos a los que quisiste en la Tierra. Experimentarás cualquier cosa hacia la cual tu ego se sienta atraído. A medida que vas creciendo hacia la madurez espiritual, tu visión de la paz celestial va madurando. A este nivel los reinos del espíritu se vuelven más puros, los colores más intensos y los sonidos mejor entonados.

»La vida no acaba; continúa y se torna más vivaz.

Dejó de hablar. El silencio se vio interrumpido por el sonido de un órgano. Permanecimos sentados durante unos minutos más, después él se puso de pie, me tomó del brazo y me acompañó hasta la casa.

Lorenzo nos esperaba en la biblioteca y supe que él era consciente de mi experiencia mística. Durante esos pocos minutos que estuve sentada junto a *sir* William, me había sentido totalmente una con toda la vida.

—Debes recordar esa sensación, mi niña. Mantenla cerca de tu corazón y te apoyará durante toda tu vida cotidiana –dijo Lorenzo con gran sentimiento–. Ésta es la misma sensación que experimentará el alma al llegar al otro lado. Es poco habitual explorar este sentimiento mientras uno está en el cuerpo físico. –Se detuvo y miró a *sir* William. Éste se encontraba otra vez sentado delante del fuego, meditando.

Finalmente, *sir* William habló:

—Es desafortunado que las personas vivan en un estado de miedo constante. El mejor tónico contra el temor es comprender que la vida continúa después de lo físico.

Lorenzo me acompañó al coche. Me apretó la mano y me dijo que en breve se pondría en contacto conmigo. No eran necesarias más palabras entre nosotros. El viaje de regreso a la ciudad pareció tomar tan sólo unos minutos. Llegué a casa sintiéndome muy centrada. Un profundo sentimiento de la sacralidad de toda la vida me envolvió. Podemos hallar el cielo en la Tierra. Está justo delante de nosotros. Vive en nuestros corazones. Sólo necesitamos amarnos los unos a los otros. Es verdaderamente muy simple.

Capítulo 4

EL INFIERNO

Casi todos los que están ahora en la Tierra experimentarán alguno de los reinos celestiales que he descrito cuando hagan el tránsito. Pero existe otro lugar donde sólo las personas más depravadas, despiadadas y diabólicas van cuando mueren. Llamaremos a este lugar el infierno.

El infierno es la Tierra Sin Formas. Es completamente oscuro y nada crece en él. No están permitidos los buenos sentimientos. No hay bondad, ni amistad ni amor. Sólo existe el tormento por tus propios errores. Algunas almas logran salir de ahí, pero otras no lo hacen nunca. El infierno es el peor castigo imaginable.

Solamente los peores actos seguidos de una ausencia total de remordimiento pueden llevar a un alma hasta estas esferas. Una persona debe ser malvada más allá de lo imaginable para residir ahí. Las debilidades humanas normales no son alimento para el infierno. Toda alma que llega ahí se ha condenado a esa región.

Se nos proporcionan muchas oportunidades para la redención, pero algunos se niegan a arrepentirse, de ahí que tengan que permanecer en el infierno para toda la eternidad y no vuelvan a reencarnarse.

Sus habitantes no tienen forma; son absolutas distorsiones de lo que alguna vez fueron. Las palabras que se utilizan para describir este lugar –abismo, infierno, hogar de Satanás, o morada de los condenados– le hacen justicia.

Lo que estoy describiendo no es agradable, pero no es mi intención asustar a la gente, sino informarla de la existencia de esta área del mundo del espíritu. No conozco a nadie que habite en esta esfera ni he recibido comunicación de ningún alma que resida ahí, de manera que os contaré como recibí esta información.

El viaje al infierno

Con una gran turbación le pedí a Lorenzo que me mostrase los reinos oscuros del mundo del espíritu. Nunca antes había querido ver el lado oscuro. Sabía que existía y eso me bastaba, pero sentí la necesidad de experimentar ambos extremos del plano astral para poder comprender mejor la complejidad de la vida después de la muerte.

❧

Una tarde, Lorenzo vino a mi apartamento. Era inusual, pero no me sorprendió que me llamara inquiriendo si podía pasar y que a los pocos minutos apareciera. Vistiendo pantalones caqui, una americana azul y camisa blanca, parecía un tipo cualquiera de los que ves por la calle. Nunca dejaba de sorprenderme lo normal que parecía Lorenzo. Era obvio, después de haber pasado un tiempo en compañía suya, que era un ser especial. Sin embargo, se las arreglaba para encajar dondequiera que fuese. No existía ropa ni vestimenta que lo pudiese marginar. La sensación que tenía en su presencia me confirmaba la grandeza de su alma.

Mientras preparaba el té, lo puse al día sobre los últimos acontecimientos de mi vida. Él siempre se interesaba por los más ínfimos detalles de mi vida. Me preguntó por mis amigos y mi trabajo. Le serví una taza de té y nos sentamos a charlar.

Lorenzo me dijo que *sir* William me enviaba saludos y hablamos de un futuro viaje a su casa de campo. Yo estaba ansiosa por regresar cuanto antes. Unos minutos después, la conversación ligera se tornó seria.

—He estado preocupado porque pareces abrumada con tanto trabajo –dijo.

—Estoy bien, Lorenzo, sólo me he recluido un poco por la impresión que me causó el incidente de ayer. Un cliente me atemorizó. Parecía muy desequilibrado. Sentí una influencia negativa a su alrededor que parecía controlar su personalidad. Es raro que yo sienta miedo durante una sesión. Me lo envió un amigo, de manera que yo no tuve ninguna aprensión en cuanto a recibirlo.

—¿Cómo lo manejaste? –preguntó.

—Enviándote pensamientos muy potentes. Parece que dio resultado. –Nos reímos–. No importaba lo que le dijera a este hombre, él me contestaba de mala manera. Su negatividad me impedía ayudarle. Después de diez minutos de lucha opté por el tratamiento de choque –dije con un suspiro, y proseguí–. Golpeé el brazo de la silla y le dije a la influencia que saliera de mi casa. La influencia era infantil y maliciosa, pero no demoníaca. Era un pequeño espíritu que se había adherido al cuerpo astral de mi cliente. El espíritu actuaba como un niño malcriado, discutiendo sin razón. Este acto impresionó a mi cliente y el elemento lo abandonó. El hombre se calmó y empezó a llorar. No tenía idea de que su indulgencia con las bebidas alcohólicas había atraído un ser astral que flotaba en el aire. Había estado bebiendo antes de venir a verme, lo cual lo hizo actuar de una forma opuesta a su carácter. Cuando lo observé, vi un alma buena en tormento. Reconoció tener un serio problema con la bebida, pero se sentía incapaz de dejarla. Tenía terror de ir al infierno si no dejaba de beber.

»Le expliqué que todos tenemos algo que superar en esta vida. El proceso puede parecer el infierno porque es, a menudo, difícil de conquistar.

—Él está viviendo el infierno de su adicción. Necesita tiempo y entendimiento para superarla. Superar un problema específico puede tomar más de una vida. Este pobre hombre está confundiendo lo infernal con el infierno —comentó Lorenzo.

—Lorenzo, he visto muchas imágenes del *devachan,* del ciclo. Son reinos hermosos. Sé que existen esferas oscuras llamadas el infierno, pero no las he visto. No es que desee ver el infierno, pero necesito conocer los hechos. Creo que debo experimentar las dos caras de la vida después de la muerte. Pluma Blanca nunca ha enfocado mi clarividencia en los niveles más bajos. ¿Podrías ayudarme a ver qué aspecto tienen? —le dije, y esperé su respuesta.

Reflexionó durante unos minutos antes de responder.

—Me parece que tiene sentido el que no hayas sido expuesta a las esferas de la negatividad. Primero que nada, no conoces a nadie que haya ido ahí. Es extremadamente raro que un alma vaya a esos reinos. Algunas personas van a esferas menos maravillosas que otras, pero sólo los absolutamente depravados van a las esferas más bajas. —Hizo una pausa.

Después de reflexionar dijo que le parecía necesario que yo hiciera un pequeño viaje. No debía tener miedo; estaría protegida.

Señaló una esquina de la habitación y me indicó que concentrara toda la energía en ese punto. Me concentré intensamente. Al mirar la esquina, un olor a humo penetró en la habitación. Lorenzo me advirtió que no perdiera la concentración. Me informó que el olor no era físico, sino parte de la vibración de las esferas oscuras.

La pantalla apareció en mi visión y vi la imagen oscura e informe que describí anteriormente. Era horrible. La ausencia de la más mínima gota de bondad o amor era perturbadora. Lorenzo volvió a advertirme que no mostrase miedo. Debo admitir que hubiese estado aterrorizada a no ser por la presencia de Lorenzo. El velo entre mundos es muy fino y yo no deseaba acercarme más a esta área demoníaca.

La visión duró sólo un minuto, lo suficiente para que yo pudiese ver la maldad. La imagen desapareció y un escalofrío recorrió la habitación. Sentí ganas de vomitar. Todo mi cuerpo estaba debilitado. El olor a humo permanecía en el ambiente.

Me tomó unos minutos recuperar la compostura. Lorenzo se puso de pie y me sirvió un poco de té. Su presencia fuerte y serena me calmó.

—Has visto lo peor, mi niña. Tu naturaleza sensible necesita tiempo para recuperarse. –Parecía preocupado.

—Por favor, Lorenzo, no te preocupes. Te pedí que me ayudaras. Uno debe tener el coraje de aceptar la realidad, no importa cuán terrible sea.

El lugar denominado infierno existía. Yo lo había visto. Las almas que se encontraban ahí sufrían un gran tormento. La oscuridad era caso impenetrable.

—Mi niña, a toda alma se le dan muchas oportunidades para salir de esta área. Llegaron aquí por sus propios actos. Las personas se condenan a sí mismas. La ley de la retribución (otro nombre para el karma) es muy clara al respecto. Nadie va a ningún sitio a no ser por la atracción de sus propios actos.

Lorenzo se quedó conmigo durante una hora. Me explicó el infierno en profundidad. Esta área oscura está habitada por los peores criminales, los desalmados. Incluso el más diminuto indicio de remordimiento te libera de esta autocondena.

Esa tarde se fue con la promesa de contactar conmigo en breve. Me fui a dormir agradecida de estar en mi propia cama.

Dejé salir las imágenes de los reinos más bajos. Sabía que existían y debía aceptarlo, pero era importante no permanecer en el infierno, ya que involucraba a muy pocas almas. Es mejor concentrar tu energía en aquello que ayuda a más gente.

Quiero reiterar que casi nadie va al infierno al morir. A la mayoría de nosotros se nos premia yendo a los más maravillosos reinos del cielo. En la Tierra nos enfrentarnos a desafíos, superamos miedos y nos volvemos más sabios. El infierno es un sitio muy real donde los espíritus verdaderamente malvados sufren por sus faltas, pero el otro lado no suele ser un lugar de sufrimiento.

Por desgracia, muchos de nosotros creamos nuestro propio infierno en la Tierra (en lo físico) atrayendo el tormento por nuestros errores pasados. Esto es completamente innecesario, pero muy frecuente.

— DON —

El mayor temor de algunas personas es ir al infierno. Don yacía aterrado en su lecho de muerte. No aceptaba el consuelo de los amigos ni de la familia. Su hermano me pidió que lo visitara, sabiendo que yo tenía experiencia ayudando a la gente a realizar el tránsito. Su madre estaba sentada junto a su cama y las lágrimas corrían por sus mejillas. Cuando entré, me miró con ojos que imploraban ayuda. El aura en esta habitación era pesada y oscura. Lo primero que hice fue abrir la ventana dejando entrar el aire.

—No la abras –dijo bruscamente Don.

Me acerqué a él y le dije con firmeza:

—Don, basta ya. Tu madre necesita un poco de aire.

Esto lo acalló. Le indiqué a su madre con un gesto que nos dejara solos. Respiré profundamente y le pregunté a Don por qué creía que iría al infierno. Habló sin parar durante unos minutos. Estaba convencido de que su destino era el infierno porque había dejado de ir a misa hacía unos años.

Don era una muy buena persona y había vivido con dignidad y compasión. Todo el que lo conocía lo quería. Era trágico oírlo hablar así. El cáncer había invadido todo su cuerpo y, desgraciadamente, había sido detectado cuando ya estaba muy avanzado. Don no había sido negligente con su cuerpo, su situación era kármica. Sencillamente le había llegado el momento de partir. No había absolutamente nada malo en su vida.

¿En qué tipo de Dios creía Don? ¿Qué doctrina enseñaba que las buenas personas iban al infierno por no ir a misa?

Hablamos durante un largo rato y compartí con él mis experiencias con el más allá. Escuchó con profundo interés y, sin embargo, yo sentía que no estaba llegando a él. Hice una pausa y recé una plegaria para él, pidiendo ayuda. A menudo, en momentos de profunda preocupación, le pido a la fuerza de Dios que me guíe. Algunos llaman Dios a la fuerza de Dios o Señor. Me refiero a la consciencia más elevada que vive dentro de cada uno de nosotros como fuerza de Dios. Yo no sabía cuál era la mejor manera de ayudar a Don.

Aproximadamente a las cinco, Don recibió un mensaje especial. Yo había mirado mi reloj cuando la enfermera entró para darle sus medicamentos. Cuando se hubo retirado, tuve frío y me sentí un poco mareada. Miré hacia la ventana y la clara imagen de una barca de pesca entró en mi visión psíquica. La ventana se convirtió en una pantalla para mí. El hombre era bastante delgado y vestía una camisa de franela y tejanos. Agitaba una gorra roja en la mano. Le oí decir:

—Dile a Don que Pop dice que es hora de cenar.

Le di el mensaje a Don. Éste pareció sorprendido y me pidió que describiera a la persona que estaba en mi mente. Estaba especialmente interesado en la gorra. Mientras le describía al hombre, la visión empezó a desvanecerse.

Don permaneció en silencio durante unos minutos. Me explicó muy calmado quién era este hombre. Pop era el nombre que usaba para llamar a su abuelo que había muerto hacía más de diez años. A Don le encantaba pescar con su «Pop».

Le había regalado a Pop la gorra roja por su cumpleaños y éste siempre la llevaba cuando iban de pesca. Siempre que estaban juntos, a las cinco y media Pop se quitaba la gorra y decía: «Date prisa que es hora de cenar. No debemos llegar tarde o tu abuela se enfadará con nosotros».

Esperé unos minutos y luego pregunté:

—Don, ¿tú crees que tu abuelo era un buen hombre?

—¡El mejor! –respondió.

—¿Iba a misa cada semana? –le interrogué.

—No, de hecho, no lo hacía.

—Es interesante. Él me pareció feliz, Don. Quería que tú supieras que está bien y que tú estarás bien con él.

Don sonrió por primera vez desde mi llegada; después rio con fuerza. Su madre entró en la habitación mientras él reía. Me miró desconcertada.

—¿Qué está sucediendo?

Le pedí que le dijera a Don que yo tenía que irme. Entonces abandoné la habitación con una profunda gratitud por la ayuda que había recibido del espíritu.

Estaba segura de que los miedos de Don no regresarían. Pop estaría esperándolo en la frontera, asegurándole que llegaba a un lugar celestial.

El temor de Don es perfectamente normal. He conocido a mucha gente que cree que sus imperfecciones humanas la condenarán. Esta fantasía va desde la desinformación hasta el adoctrinamiento.

Conozco a muchas personas que van a la iglesia con regularidad «por si acaso», para no ser condenadas por no asistir a misa.

No todo aquel que teme al infierno recibirá un mensaje tranquilizador del otro lado. Don se había ganado el derecho de tener noticias de su querido abuelo. Algunas personas abandonan el miedo al leer sobre la experiencia de gente como Don. Otros averiguan al morir que sus miedos eran infundados.

Tan sólo recordad que vivir con el temor de ser condenado puede ser un infierno en la Tierra. Al eliminar el miedo podemos vivir vidas más felices y productivas.

La mujer en la carretera

En agosto de 1984 me encontraba viajando de Alburquerque a Santa Fe. Estaba oscuro y había pocos coches en el camino. Mi amigo Tim, que sintoniza bastante bien con mis dones psíquicos, conducía el automóvil. Esta carretera tiene muchas curvas y hace una espiral ascendente hacia Santa Fe. Íbamos charlando a lo largo de este viaje agradable y tranquilo cuando, al tomar una curva e iluminar el camino con las luces del coche, vimos a una mujer arrastrándose a un lado de la carretera.

—Detén el coche. Esa mujer necesita ayuda –le dije.

—Yo no he visto a nadie –replicó.

—Es un espíritu –le dije.

Detuvo el coche a un lado del camino y me dio una linterna. Salí en busca de la mujer usando la linterna para guiarme.

La encontré rápidamente. Me tomó sólo un momento comunicarme con ella. Me dijo que había tenido un accidente automovilístico y que no podía hallar a su hija. Estaba histérica. No era consciente de que estaba muerta. Estoy segura de que el accidente la conmocionó y no había tenido tiempo de ser consciente de su muerte.

Yo ignoraba si el bebé estaba de este lado o del otro, pero sí sabía que debía intentar ayudarla a abandonar el mundo físico.

Si nadie la ayudaba, podía permanecer entre dos mundos indefinidamente. Tim se unió a mí y observó. Me conocía desde hace años y había visto mi trabajo. Nada lo perturbaba y su deseo era ayudar.

Hablé con ella durante al menos una hora. Le pedí a los espíritus guía que la ayudasen en la transición (yo tenía poca experiencia con este tipo de situación y necesitaba ayuda). No estaba claro cuánto tiempo llevaba ella en esta situación. Vestía ropa clásica, falda y blusa. Su vestimenta no me ayudaba a calcular el momento en que había sucedido el accidente. Le repetí una y otra vez que su bebé estaba bien y que debía hacer el tránsito para poder verla de nuevo. (Esto era cierto tanto si la niña estaba en la Tierra como si estaba en el mundo del espíritu).

Me agaché y me arrastré con ella para ganarme su confianza. Creo que las ayudas del otro lado la inspiraron a escucharme. Estaba empezando a pensar que no lograría convencerla de que partiera cuando, de repente, ella desapareció. Supe entonces que la transición se había realizado. Me sentí aliviada. Es terrible estar atrapado entre dos mundos. La conmoción es la causa principal de que esto suceda y esta mujer no era la única alma en este estado. Los campos de batalla están llenos de soldados que no son conscientes de que han sido asesinados. Continúan marchando hasta que son convencidos de que deben partir hacia el mundo del espíritu.

Estas pobres almas no han tenido tiempo de prepararse para la muerte. La mente no registra la muerte, por lo tanto, el cuerpo astral permanece en la Tierra. Existen espíritus especiales que se encargan de ayudar a estas pobres almas. A veces toma muchos años convencer a alguien que debe abandonar la Tierra. Los espíritus nunca se dan por vencidos y finalmente el alma logra hacer la transición.

Las casas embrujadas están habitadas por aquellos que no pueden o no quieren irse al otro lado por causa de una muerte traumática, un excesivo aferrarse a lo físico o, en el peor de los casos, una *vendetta*. No todos los fantasmas son malos; muchos están confundidos. Depende de la razón por la cual permanecen en la Tierra.

Afortunadamente, fui capaz de ayudar a esta dama; su karma atrajo a una psíquica a esa carretera en particular. He regresado en muchas ocasiones a esta parte del país y siempre que estoy en la carretera miro para asegurarme de que se haya ido.

⁓

Estar atrapado entre dos mundos no es el infierno. Es simplemente un estado de consciencia que atraen ciertas almas al tener dificultad para hacer la transición de la Tierra al espíritu. La mejor explicación del infierno yace en la comprensión de la ley de la retribución. La justicia absoluta existe. Atraemos aquello que nos hemos ganado. Esto se aplica tanto a los reinos del espíritu como al plano terrestre.

El bebé que nace ciego no ha hecho nada malo en esta vida para merecer esa situación. Es un desafío para el alma. La única explicación racional para esta aparente injusticia se encuentra en la reencarnación, donde esta prueba es atribuida a experiencias en vidas pasadas.

Un hombre bueno puede residir cerca de uno malo con la finalidad de inspirarle hacia el bien. Debemos equilibrar todos nuestros actos mientras vivamos en un cuerpo físico. Ningún acto malvado permanece impune. Ningún acto bueno queda sin recompensa. La elección depende del individuo.

Superar el miedo

Los niños pequeños se esconden bajo sus mantas, temblando ante la idea de que sus pequeñas mentiras blancas los pondrán en los salones de Satanás. Éste es un trágico malentendido. Se les debe enseñar la diferencia entre el bien y el mal, pero el miedo no es un instructor saludable.

La historia va variando los requerimientos para entrar en el cielo. En muchos momentos de la historia, comer carne los jueves, ir a misa sin sombrero o divorciarse (sin importar la razón) eran billetes de entrada a los reinos del infierno.

Cuando la moral social cambia, los requerimientos para ser condenados cambian.

Un querido cliente mío creía que volar en el día de *sabbath* era pecado. Resultó ser que en realidad esto le disgustaba a su madre. Como yo no quería ser irrespetuosa con su madre ni con su fe, le dije que estaba mal hacer cualquier cosa que fuera en contra de su sistema de creencias. Todos tenemos que vivir con nosotros mismos.

Sentí pena por él. Estaba confundido y realmente no sabía en qué creía. Le habían dicho desde pequeño que algo era pecado y ahora esto le causaba vivir atormentado. Era verdaderamente una reacción a un adoctrinamiento, pero él debía reconciliarse con su propio sistema de creencias. Cuestionar reglas de conducta que para él no tenían sentido era una prueba para el propio desarrollo de su alma. No debía estar motivado por el miedo. Este tipo de motivación puede causar depresión y rabia.

La religión es una elección personal. No tenemos que pertenecer a una religión para encontrar la iluminación. La fuerza de Dios vive en cada uno de nosotros, y no nos condena por volar un viernes ni por ir sin sombrero a misa.

El alma encarna en una religión específica por razones kármicas, con el fin de ayudar al cumplimiento de su destino.

No tenemos el derecho de imponer nuestras creencias a los demás. Una educación religiosa formal no es un requerimiento para obtener la redención. Vivir una vida buena, de servicio, es un gran objetivo; un objetivo que puede ser alcanzado tanto dentro como fuera de una religión estructurada.

En el mundo del espíritu no existen prejuicios religiosos ni persecuciones. Este tipo de comportamiento se limita al mundo físico. La mayor forma de adoración está en respetar toda vida y en vivir con integridad. De esta manera rendimos culto al Dios que vive dentro de cada uno de nosotros.

Nuestro propio comportamiento nos condena a situaciones problemáticas. Una vida temerosa es una forma de infierno que nos creamos nosotros mismos en el plano terrestre. El amor y la comprensión nos liberarán de la esclavitud de este estado mental.

Cuando nos liberamos del temor a la condena eterna y a otras amenazas similares, somos capaces de descubrir cuáles son nuestras verdaderas creencias en lugar de adherirnos ciegamente a una doctrina que no comprendemos del todo.

Es entonces cuando podemos descubrir nuestra propia bondad absoluta y vivir vidas más ricas y mucho más satisfactorias.

El mal

Existe gente mala. Es atemorizante pero es verdad. Pero existen niveles de maldad; los actos malvados cometidos sin remordimiento son los más horribles.

Muchos creen que la maldad es una enfermedad. La historia psicológica de una mala persona generalmente muestra una niñez traumática y con abusos.

Este hecho es desafortunado, pero no es excusa para un comportamiento malvado. Una acción malvada dirigida a otra persona regresará al malhechor, ya sea en esta vida o en otra.

Ser cruel o inconsciente puede ser mera mezquindad, no maldad. Si actuamos con la intención viciosamente malvada de causar daño, entonces estamos entrando en el territorio de la maldad.

La estrategia más eficaz para superar al mal es evocar el amor.

La necesidad de sensaciones

La necesidad de sensaciones físicas puede desembocar en malos resultados. Si mueres siendo presa de alguna fuerte adicción, la única forma de conseguir la sensación que te proporciona una determinada sustancia es poseyendo a una persona en el mundo físico.

El alma que no tiene un cuerpo físico para satisfacer los deseos necesita sentir. Es necesario estar en el aura de una persona que abuse de la sustancia que deseas para poder participar de ella.

Nadie puede ser poseído a menos que se abra a dicha posesión, bien mediante el uso específico de las sustancias que el alma poseedora precisa.

La posesión del borracho

Me encontraba una noche en una discoteca con unos amigos cuando vi que a nuestro lado había un hombre que bebía demasiado. Lo miré y vi una mala influencia rondando por encima de él, una sombra (un ser fantasmagórico) muy cerca de su cabeza. El hombre seguía pidiendo bebidas y bebiéndoselas rápidamente hasta que, finalmente, su comportamiento se tornó belicoso.

Evoqué a los seres superiores para obtener protección espiritual, rezando una plegaria. El espíritu oscuro se encontraba demasiado cerca para que esto fuera posible.

Justo cuando estaba por decirle al hombre que dejase de beber, vi cómo el «espíritu» entraba en él. Era demasiado tarde y demasiado peligroso interferir. Lo máximo que podía hacer era encontrar a alguien que le acompañara a casa. Le dije a mis amigos que debíamos irnos. Como vieron que yo estaba perturbada, se prepararon para salir. Le informé al camarero que aquel hombre había bebido demasiado y necesitaba ayuda para llegar hasta su casa. El camarero conocía al cliente, de manera que inmediatamente consiguió un coche que lo llevase. Nos fuimos. Yo no sentía deseos de luchar contra la vibración negativa que poseía a este caballero. Primero, no me conocía, y por lo tanto no creo que hubiese escuchado nada de lo que yo le hubiera podido decir. Segundo, la influencia que había entrado en él no hubiera tolerado mi interferencia. En esos momentos, cualquier intento de razonar con él habría sido en vano. Quizás fuera posible cuando estuviera sobrio.

Me consoló saber que lo habían acompañado a casa. La «influencia» lo abandonaría en cuanto dejase de beber.

No debemos asumir que el hombre que estaba poseído fuese malvado; era simplemente un desafortunado. Su abuso del alcohol lo expuso a la influencia de la necesidad de este espíritu de beber a través de él. El espíritu sobrevolaba este bar, esperando que alguien bebiera demasiado. Estoy segura de que el espíritu frecuentaba ese lugar cuando estaba en la Tierra y que por eso escogió regresar ahí. Su única oportunidad de sentir la sensación del alcohol era haciéndose atraer por el cuerpo astral de alguien que bebiera mucho.

El incidente de la discoteca era perturbador, pero no inusual. Éste era un lugar encantador, nada sórdido. El espíritu era tan adicto que no podía abandonar el mundo físico y descansar en paz. Como no había superado su adicción durante su vida, el espíritu tenía una necesidad sobrenatural de esta sustancia. Esta trágica adicción crea un deseo tan grande que ni siquiera la muerte puede romper los lazos. Sólo el tiempo y la ayuda de los espíritus terapeutas pueden acabar con la necesidad de rondar la Tierra. El espíritu debe reencarnarse con la adicción y así tendrá la oportunidad de superarla en el mundo físico.

Esta forma de posesión se da sólo en los casos más extremos de adicción. Ciertamente, no todas las personas que dejan la

Tierra con la adicción a una sustancia continúan rondándola. Al llegar al mundo del espíritu muchos de ellos encuentran que han abandonado la intensidad de su deseo junto con el caparazón de sus cuerpos.

Es importante comprender que toda adicción es un desafío que debemos intentar superar durante la vida física o renaceremos con los mismos problemas tantas veces como sea necesario.

El mal karma es creado por la adicción. No es inusual que hagamos daño a alguien por nuestra falta de control. Una vez que la adicción se rompe, se crea un buen karma.

Lorenzo me explicó esto:

—Tu propia bondad te protege. Las malas influencias no se te pueden acercar si tú no les abres la puerta.

»Cualquier cosa que te quite tu protección espiritual puede ser una puerta. Demasiado alcohol, el abuso de drogas, el enfado, pensamientos celosos y deseos desequilibrados son algunos ejemplos de cosas que te pueden exponer a influencias negativas; y no estás a salvo de ellas porque no las conoces. Ésta no es una advertencia para que nos volvamos paranoicos, sólo conscientes. Debemos mantener el control para no ser controlados.

La adicción no es necesariamente un comportamiento malo y no condena al alma al infierno. Puede ser que dificulte la transición hacia el espíritu porque el alma está demasiado enganchada al mundo físico, el mundo donde existen dichas sustancias.

De igual manera, el estar poseído porque hemos perdido el control sobre nuestros deseos o nos hemos abierto a fuerzas negativas no nos condena. Simplemente hace que la vida sea terriblemente desagradable.

Controlar nuestros impulsos estrictamente negativos (y esto no se refiere a una copa por la noche, ni al sexo sano, ni a un cigarrillo ocasional) pero manteniendo el equilibrio en nuestra vida terrestre hará que nuestra estancia en el mundo físico y espiritual sea más satisfactoria.

Como ya he dicho anteriormente, el velo entre la Tierra y el mundo del espíritu es muy fino. Los espíritus incapaces de romper las ataduras con el mundo físico se quedan rondando por aquí. Aunque la mayor parte de la gente no los vea, están cerca. La fuerza espiritual es una gran protección contra influencias no deseadas. La fuerza del mal no puede sobrevivir ante el poder de la fuerza del bien.

«El verdadero amor expulsa al miedo».

El misterio

Es importante que comprendamos los peligros que comporta el jugar con las fuerzas psíquicas.

Existen misterios que pueden llevar al que no está instruido hacia un mundo de locura.

Los juegos psíquicos como la guija, la escritura automática, las cartas del tarot o la entonación de mantras pueden arruinar nuestra vida. Jugar con estas fuerzas invisibles puede llevarnos a la locura. Estos juguetes pueden ser instrumentos para conjurar espíritus no desarrollados o demoníacos. Estos espíritus habitan cerca de la Tierra y pueden entrar en el aura del que juega.

La comunicación entre la Tierra y el mundo del espíritu es real. Las personas intuitivas aceptan este hecho y no se sienten atraídos hacia él.

La adicción a las prácticas metafísicas demuestra una incapacidad para afrontar la vida física siendo una forma peligrosa de escepticismo. Ignorar el peligro no te protegerá de él.

— DAWN —

Dawn era una encantadora chica de veintitrés años. Tenía una maravillosa voz y soñaba con una carrera en el mundo de la música. Inquisitiva por naturaleza, le interesaban muchas cosas, incluyendo el tarot. Se compró un libro y comenzó a dedicar un momento cada día a esta actividad, hasta que, gradualmente, se fue convirtiendo en una obsesión.

Dawn no tenía ninguna experiencia con los fenómenos psíquicos y consideraba su interés por el tarot un entretenimiento. No tenía ni idea del potencial peligro.

La conocí durante las etapas iniciales de su fascinación. La previne:

—Perseguir lo psíquico es perseguir el desastre si no estás educada en todos los aspectos de este fenómeno.

No comprendió nada de mi advertencia.

—Lo hago para divertirme. Mis amigos y yo nos tomamos una copa de vino y yo les leo el tarot. Dicen que soy muy buena.

—¡Dawn, no me digas que bebes vino cuando lees las cartas! ¿Quieres volverte loca? Eso es peligroso. Existen fuerzas sutiles que no ves que están ansiosas por poseer a alguien tan ingenua como tú. La primera regla del trabajo psíquico es no mezcles el «don» con el alcohol. ¿No crees que otra manera fácil de llamar a los espíritus es a través del alcohol? Es porque el alcohol los atrae.

Me quedé pasmada de su falta de conocimiento. Esto me asustaba. Era una buena persona, con un buen carácter, y, sin embargo, yo veía un daño potencial. Algo que ella consideraba un inocente *hobby* estaba a punto de convertirse en una tragedia. La sesión terminó y ella me prometió pensar sobre mis advertencias.

Estoy segura de que pensó que yo estaba exagerando. El tiempo le demostraría lo contrario.

Seis meses más tarde, un amigo de ella, Ray, vino a una sesión. Le pregunté sobre Dawn.

—¿No lo sabías? –preguntó.

—¿Saber qué?

—Se volvió loca. Empezó a hablar con distintas voces. Daba miedo. Estabas conversando normalmente con ella y a media conversación se convertía en otra persona. Yo no sabía qué hacer; nadie sabía qué hacer. Llamamos a sus padres y se la llevaron a casa. Ahora visita a un psiquiatra y está con medicación. ¡Pobre niña! Parecía tan normal cuando la conocí. Llegó a un punto en que no hacía otra cosa que jugar a las cartas y beber vino.

»No estoy seguro, pero creo que las cartas tuvieron algo que ver con esto. Fue después de empezar a usarlas cuando empezó a volverse loca –me contó Ray.

Sentí mucha pena por Dawn, pero me tranquilizó saber que se encontraba en casa recibiendo tratamiento psicológico. Éste es un ejemplo de los peligros de experimentar con el misterioso mundo psíquico. Podría citar muchos más. Lo importante es que *no se debe jugar con fuerzas que uno no ha sido entrenado para manejar.*

⁂

La vida física nos proporciona la escuela para que equilibremos nuestros actos. La vida que vivimos es una combinación de ésta y otras. Cualquier situación que se nos presente ha sido creada por nosotros.

El cielo y la Tierra se ganan, no están predestinados. El bien y el mal son opciones. Una vida de servicio es un gran tónico para el miedo al castigo. Y, una vez más, sólo aquellas almas que realizan acciones verdaderamente malvadas sin remordimientos de ningún tipo entrarán a las esferas más bajas del espíritu.

El resto de nosotros atraeremos vidas terrestres con momentos de sufrimiento y momentos de felicidad. Experimentaremos alegrías y penas. Finalmente, después de mucho esfuerzo, reinará el equilibrio.

Todo esto forma parte del misterio de la vida.

Capítulo 5

EL SUICIDIO

El suicidio es trágico tanto para la víctima como para el que sobrevive. Con frecuencia, se lleva a cabo en un momento de insoportable sufrimiento emocional o de absoluta desesperanza. Para algunos parece ser la única salida del tormento. Los seres queridos que dejan atrás sufren una intensa pena y una gran culpa, además del trauma producido por una interrupción antinatural de la vida.

Los diarios están llenos de historias de gente de todo tipo que opta por el suicidio creyendo que así acabarán con su sufrimiento. Incluso existe un libro, un *best seller,* que detalla métodos específicos para suicidarse. Lamentablemente, este fenómeno no se limita a los adultos. Hoy en día, existe un alarmante número de adolescentes que se suicidan.

Es como si el suicidio se hubiese convertido en algo tan aceptable, que es una alternativa para lidiar con los desafíos de la vida.

Pero el suicidio no es aceptable: es un acto de agresión contra el alma. Alguien que se quita la vida física ni muere ni vive; en lugar de eso, el espíritu reside entre el mundo terrenal y el del espíritu hasta que llega el momento de su muerte natural (el momento en el que el cuerpo hubiera muerto si no se hubiera suicidado). Este estado, el no estar ni vivo ni muerto, es una terrible forma de existencia.

Básicamente, uno no escapa al sufrimiento poniendo fin a su vida.

Uno no puede matarse porque nadie muere. Simplemente cambiamos de forma. Las personas se reencarnan en una vida futura con los mismos problemas que los llevaron al suicidio. Es más sabio luchar contra los problemas durante tu vida que verte forzado a repetirlos en una vida futura.

El cuerpo es una responsabilidad sagrada. Nadie tiene el derecho de poner fin a su vida prematuramente. El suicidio es trágico, pero es también un acto de cobardía. Nadie desea sufrir dolor físico o emocional, ni depresión, ni desesperación, ni enfermedades incurables, ni la ruina económica ni nada por el estilo. Muchas personas creen que deberían tener el derecho de acabar con su vida si están sufriendo o si su calidad de vida se ha visto afectada drásticamente. Quiero recalcar que no te libras de las dificultades poniendo fin a tu vida.

— ESTELA —

Una mujer muy enferma que yo conozco se encontraba bajo la tortura del dolor físico que sufría. Incapaz de pensar racionalmente, se tomó una sobredosis de analgésicos. Su hija la encontró poco tiempo después y la mujer pudo ser devuelta a la vida. Más adelante me describió el lugar en el que había estado cuando perdió el conocimiento.

—Estaba muy oscuro, la oscuridad era casi total. Fue horrible tomar consciencia de que había hecho algo terrible contra mí misma y sentí deseos de regresar a mi cuerpo. Sentí que me encontraba en el limbo, ni aquí ni ahí. Podía oír a mi hija llorar, pero no podía regresar con ella. Parecía imposible avanzar o retroceder. Recé, le rogué a Dios que me dejase regresar a mi cuerpo. Le dije a Dios que no sabía lo que hacía cuando me tomé las píldoras. Imagínate estar sentada en un espacio vacío, casi negro, ni muerta ni viva, pero consciente de que le has hecho daño a algunas personas. Podía oírlos llorar.

Estela, la clienta que me relató la historia, continúa con su sufrimiento físico, pero se ha liberado del tormento espiritual. El alivio de tener otra oportunidad para vivir brilla en su interior.

Estela es una dama extraordinaria con una gran integridad, y su acto de desesperación es comprensible. No podemos juzgar el poder del dolor. En algún momento hemos experimentado lo que nos pareció un dolor intolerable, pero es difícil imaginar la vida con un permanente dolor insoportable como el de Estela. Cualquier persona racional querría acabar con este tipo de sufrimiento.

Si acabamos con la vida de caballos y mascotas para evitarles el sufrimiento, entonces ¿por qué los humanos tenemos que soportarlo?

La historia de Estela ilustra uno de los resultados negativos del suicidio. El vacío que éste crea es mucho más doloroso que el dolor físico, y el sufrimiento espiritual continúa.

El dolor físico nos pone a prueba de muchas maneras. Nos brinda la oportunidad de llegar hasta nuestro ser superior y mirar hacia el espíritu; esto acaba con el karma de vidas pasadas. (Los animales no tienen la capacidad de razonar, de manera que no crean karma. Por esta razón no dejamos que sufran).

La persona que se suicida no va al infierno. Como ya comenté con anterioridad, esta región está reservada para los malvados. Es raro que la persona que se suicida sea malvada; está desesperada, desequilibrada o acobardada. La gente malvada no tiene remordimientos por sus acciones, mientras que los que se matan suelen arrepentirse inmediatamente.

Cuando alguien se suicida, el alma continúa enganchada al mundo físico, pero no se la puede ver. En un estado de limbo, el alma es consciente del daño que ha causado a otros y a sí misma. Es como vivir una pesadilla. La muerte natural ha sido comparada con un sueño muy pacífico; el suicidio conduce a un sueño intranquilo y atormentado.

La desesperanza tiene muchas caras. Conduce a la gente a la desesperación o a la irracionalidad. Una vida de buenas acciones no es anulada por un acto de desesperación. Las personas no son condenadas por suicidarse, pero sufren mucho. Toman consciencia de que la muerte no existe, de haber transgredido una ley universal, y se dan cuenta de que hay un karma que debe ser pagado. La experiencia de Estela nos demuestra la desgracia del suicidio.

Hemos leído maravillosas historias sobre experiencias cercanas a la muerte. Aún nos falta oír o leer algún relato sobre alguien que se haya quitado la vida y haya experimentado felicidad. Cualquiera que haya intentado suicidarse y haya fracasado te dirá que estuvo en un lugar muy desagradable.

Cuando te llegue el momento de reencarnarte, renacerás en la misma situación que te llevó a terminar con tu vida la vez anterior. Tendrás que superar este desafío sin terminar con la experiencia física. El suicidio no hace más que retrasar los problemas y crear otros nuevos.

¿Es aceptable en algún caso acabar con nuestra vida?

Quitarte la vida para proteger una verdad superior es un acto de valentía y de altruismo, un acto que está divinamente protegido.

Por ejemplo: un integrante de la resistencia es capturado y guarda un secreto que podría salvar cientos de vidas. No cabe duda que sus captores lo torturarán para forzarlo a dar información. Él escoge morir antes que traicionar. Está protegiendo un elevado ideal. A través de este acto de valentía está protegiendo la libertad y salvando muchas vidas. Esta acción no es castigada, es reverenciada. La motivación es altamente espiritual.

Los pilotos kamikazes japoneses permanecían en sus aviones para asegurarse de dar en el blanco, incluso sabiendo que se dirigían a una muerte segura. El motivo era proteger a su país. Esta situación no se considera un suicidio porque el motivo era proteger un alto ideal.

Sólo es aceptable el suicidio en los casos altruistas, en los que la motivación son unos ideales elevados. No es aceptable cuando se comete con el fin de huir de los problemas de la vida.

— JUANA —

Juana dijo haber tomado «accidentalmente» una sobredosis de drogas. Fui a visitarla al hospital. Parecía asustada y triste cuando hablamos de su experiencia cercana a la muerte.

—No puedo recordarlo todo. Sólo recuerdo el sentimiento desesperado de querer regresar a mi cuerpo. Estuve en un lugar oscuro, frío y solitario.

Juana admitió que había estado deprimida y enfadada antes de tomar los tranquilizantes, pero me juró que no había tomado una sobredosis a propósito.

El novio de Juana la había abandonado y ella no era muy feliz en su trabajo. Siempre pensó que acabaría casándose con su ex y no había podido superar su decisión de abandonarla. La desesperanza se había instalado en ella. Siempre tomaba «pastillas calmantes», como solía llamarlas, pero esta vez se había excedido. Ella creía que la sobredosis había sido un accidente, pero ¿quién sabe lo que pasaba en su subconsciente? Juana obtuvo una segunda oportunidad y estaba agradecida.

—Muchas veces, en los últimos meses, he sentido ganas de morir. Ahora me siento agradecida de estar viva.

La última vez que vi a Juana, estaba radiante de felicidad. Tenía un nuevo trabajo y un nuevo novio. Trabajaba como voluntaria dos noches a la semana en un centro juvenil. Su experiencia cercana a la muerte fue el principio de una nueva vida.

— ROSA —

Una nueva clienta llamada Rosa vino a verme con aspecto deprimido. Estaba en los huesos y no dejaba de llorar. Le di un pañuelo de papel y la escuché. No le interesaban las predicciones, sólo quería un consuelo.

—Sólo quiero matarme –repetía.

Me alarmó porque pude darme cuenta de que lo decía en serio. Rosa habló durante una hora.

Su marido había estado viendo a otra mujer, pero insistía en que no quería divorciarse. Ella no había sido capaz de enfadarse con él; en lugar de eso vivía pendiente de sus llamadas y visitas.

—No soy nada. Él me dice que soy estúpida e inútil –dijo.

Inmediatamente le dije que necesitaba una terapia. Esta situación requería de un psiquiatra, no una psíquica.

La madre de Rosa llegó de España para estar con ella. Rosa necesitaba no estar sola. En cuanto Rosa se hubo marchado, llamé a una de sus amigas y le dije que estaba muy preocupada. Su amiga me prometió que la vigilaría y que llamaría a un médico si fuera necesario.

Dos meses más tarde Rosa regresó con mucho mejor aspecto. Había conocido a un nuevo amor y ya no sentía la necesidad de acabar con su vida. Me alivió saber que la crisis había pasado, pero me entristeció y me preocupó su razonamiento. Era necesario que Rosa encontrase un propósito más profundo para su vida o volvería a caer en la desesperación. Cualquier tipo de pena la podía provocar.

Todos queremos ser amados y respetados. El dolor de una relación amorosa que finaliza puede hacernos sentir que la vida no vale la pena, pero debemos recordar que el sol sale por las mañanas y nos da la posibilidad de un día hermoso.

El sufrimiento de Rosa era muy real. Espero que haya encontrado paz en su interior, no sólo en la aceptación de sus amantes. Si así lo hiciera, el suicidio ya no volvería a su mente. La elección era suya.

— TONY ANTES Y DESPUÉS —

Tony se quitó la vida hace unos años. Pienso en él a menudo con amor y tristeza. Lo he visto dos veces desde que se suicidó. Su culpa y su pena por su acción me rompen el corazón.

Tony era un joven talentoso y sensible que parecía tenerlo todo. Nadie puede decir que esta tragedia se debiera a que no hubiera recibido ayuda. Iba a terapia cuatro veces por semana y tenía muchos amigos que lo querían y lo ayudaban. El hecho es que cuando la vida se le hizo muy difícil, acabó con ella.

El suicidio suele ser algo complicado. Las razones para cometerlo suelen venir de traumas de la infancia o, incluso, de experiencias no resueltas de vidas pasadas. No puedo ofrecer un estudio psicológico, ya que no soy una experta en este campo. Lo que deseo es compartir mis experiencias personales contigo para que te des cuenta de que el suicidio no resuelve los problemas.

Tony no bebía ni tomaba drogas, era cuidadoso con su dieta y hacía ejercicio regularmente. Vivía de su trabajo como actor profesional, de modo que era muy consciente de su aspecto.

Tony se preocupaba de todo. Podía pasarse dos horas en una tienda tratando de decidir entre un suéter azul y uno negro. Después se pasaba otras dos horas preguntándose si había hecho una buena elección. Decir que era inseguro es poco.

Su inseguridad surgía de una necesidad de obtener la aprobación de otros, no de un orgullo personal. Una de las tragedias de su vida era el no ser consciente de que era una persona muy especial. Ningún refuerzo era suficiente para confirmárselo. Era incapaz de ser feliz.

Después de haber luchado contra sus demonios interiores durante treinta años, se quitó la vida. La gente se conmocionó y se enfadó. Ésta fue la primera vez que tuve que enfrentarme al hecho de que alguien cercano a mí se suicidara. La pena me abrumó. Me preguntaba si no podía haber hecho algo más por él.

Recibí la respuesta en su debido tiempo.

Dos años después de su muerte, Tony llegó a mí a través del mensaje de una psíquica en Londres. Yo me encontraba de vacaciones visitando a unos amigos. Uno de ellos me habló de una maravillosa psíquica que vivía en las afueras de Londres. Pedí una cita por mera curiosidad. Es interesante ver cómo trabajan otras personas de mi profesión. La psíquica británica me dijo que había alguien muy triste que quería darme un mensaje desde el mundo del espíritu.

—Su nombre comienza con T. Siente mucho haberte causado dolor. Ahora sabe que lo que hizo está mal. Te agradece todo lo que hiciste para intentar ayudarle.

Mis ojos se llenaron de lágrimas al oír esto. La psíquica continuó diciendo que Tony no se había dado cuenta de cuánta gente lo quería y también que había sido terrible para él ver el dolor que había causado a sus amigos y a su familia. No tenía ni idea de que a la gente le importara.

—Dice que está en un lugar frío, sombrío y solitario. Desearía poder regresar y empezar de nuevo. Se siente atrapado.

Mientras escuchaba me invadió la tristeza, pero me consoló mi conocimiento de la reencarnación. A Tony se le daría la oportunidad de vivir otra vez. No se encontraba en una situación desesperada, sino meramente trágica.

La psíquica continuó:

—Está llorando y repite una y otra vez que lo siente mucho. Ha hablado con algunos asistentes espirituales y eso lo está ayudando a continuar hasta que se le permita entrar en el mundo del espíritu. Sabe cuánto intentaste advertirle sobre lo que pasaría si se quitaba la vida, pero en aquel momento estaba demasiado ensimismado para escucharte.

Terminó la sesión. Caminé por las calles de Londres reflexionando acerca de la vida de Tony y su actual estado de existencia. Tony siempre había querido que los demás tomaran las decisiones por él. Se negaba a aceptar la responsabilidad de su propia vida y sus propios actos. No era una mala persona, sólo estaba centrado en sí mismo. Ahora tendría que permanecer entre dos mundos hasta el momento de su muerte natural.

Le envié pensamientos de amor con la esperanza de que lo consolaran un poco. Con el tiempo estaría bien.

El segundo mensaje de Tony llegó aproximadamente un año más tarde cuando pasaba caminando por delante de su apartamento en Nueva York. Estar en este barrio siempre hacía que pensara en él. En esta tarde de verano en particular, pasé delante de su edificio y me sorprendió ver a su espíritu de pie en la calzada. Él no me vio, lo cual me vino bien porque si no hubiera empezado a disculparse otra vez. No tenía sentimientos de enojo hacia Tony, sólo pena. Aunque su muerte había causado mucho sufrimiento a las personas que lo amaban, también enseñó muchas lecciones. Una era que no nos podíamos culpar por su decisión. Se le había ofrecido mucha ayuda y él escogió no aceptarla. Un día encontraría la paz que no había conseguido en su última vida en la Tierra.

Tenemos la oportunidad de aprender mientras vivimos

Nora murió de cáncer hace seis meses. Aunque soportó mucho dolor durante el último año de su vida, siguió interesándose por todo y por todos. Su capacidad de apasionarse por la vida a pesar de que se estaba muriendo era un ejemplo para todos los que la conocieron. Su habitación estaba siempre llena de visitas.

Un amigo le preguntó cómo hacía para no deprimirse.

—No disfruto del dolor y la enfermedad, pero se está haciendo todo lo posible por mí. Creo que todos los aspectos de la vida son una maravilla y no quiero perder ni un momento estando deprimida.

Cuando Nora murió, dejó un mundo mejor. Ella dio a los demás y aprendió de ellos hasta el momento de hacer el tránsito. La enfermedad y el dolor no le impidieron experimentar la maravilla de la vida. Nora fue una gran dama que nos hizo un servicio con su vida y con su muerte. El cáncer le permitió liberarse del karma físico negativo.

Existen muchas teorías sobre las causas del cáncer. La dieta y el enfoque emocional parecen ser los factores principales que atraen esta enfermedad, aunque a veces es una situación kármica. En el caso de Nora estoy segura de que provenía de una vida anterior. Ella vivió una vida equilibrada y sana, pero la gente tiene que morir de algo y así fue cómo Nora pasó al otro lado. Estoy segura de que su próxima vida estará bendecida con una buena salud. ¡Se lo ha ganado!

¿Qué constituye un suicidio?

¿Qué constituye un suicidio? ¿Es la muerte provocada por un comportamiento excesivo que pudo haber sido controlado una forma de suicidio? ¿Existen suicidios que no son obvios?

— HARRY —

Le dijeron a Harry más de una vez que no bebiese alcohol porque su hígado mostraba señales de lesión. Su médico le rogó que dejara de beber, advirtiéndole que si no lo hacía, moriría. Su mujer hizo todo lo posible para que su marido dejase de beber. Finalmente, a la temprana edad de cuarenta años, murió.

Muchos de sus amigos dijeron que su muerte era una forma de suicidio. ¿Lo era? No fue la intención de Harry matarse, pero las advertencias de su médico le habían dado la oportunidad de cambiar sus hábitos y prolongar su vida. Si hubiera dejado de beber, hoy estaría vivo.

Yo no sabía muy bien qué pensar sobre situaciones como la de Harry. Este tipo de casos no son suicidios en el sentido convencional, pero el comportamiento autodestructivo puede provocar la muerte prematura. Muchas muertes similares pudieron ser evitadas con un cambio de estilo de vida.

Necesitaba de la ayuda de Lorenzo para resolver este tema. Envié pensamientos potentes en su dirección, sabiendo que respondería en cuanto pudiese. Siempre que se le necesitaba, aparecía.

Lago Plácido

Desperté con la necesidad de ver a Lorenzo y, al mismo tiempo, con deseos de ir al lago Plácido, en Nueva York septentrional.

La urgencia era tal que alquilé un coche y partí. Es un maravilloso viaje de seis horas. Las hojas de los árboles estaban doradas y el aire frío. Subí hasta el Mirror Lake Inn, un hermoso hotel que había visto en una revista. Tuve suerte, estaba disponible una habitación con una vista increíble. Las montañas Adirondak se veían al otro lado del lago.

Yo necesitaba un descanso del ritmo febril de Nueva York y éste era el sitio perfecto. Deshice la maleta y fui a dar una vuelta por el pueblo para ver las tiendas, luego almorcé rápidamente y regresé al hotel.

El hotel tenía una hermosa biblioteca con vitrales y una chimenea. Me senté junto al fuego, mirando las llamas, hasta que una voz rompió mi concentración.

—Me alegra que hayas venido a este maravilloso hotel. El servicio es estupendo y el aire puro te hará mucho bien.

Era Lorenzo.

—Debí haberlo imaginado, eran tus pautas de pensamiento las que me decían que viniese aquí –reí.

Bebimos té y disfrutamos de la maravillosa chimenea.

Hablamos de libros y de música. Lo puse al día sobre mi vida y sobre la vida en general; Lorenzo rara vez hablaba de sí mismo o de sus actividades. Este día fue una excepción.

Una mirada a la vida de Lorenzo

Había estado en Europa después de nuestro último encuentro. Estaba muy interesado en los últimos descubrimientos en el campo de la medicina. Uno de sus amigos cercanos, un médico francés, estaba investigando nuevos medicamentos para el dolor y sus efectos en el cuerpo. Cuando Lorenzo hablaba, se hacía evidente que tenía conocimientos de medicina. Yo sabía muy poco acerca de su pasado y sentía que no me correspondía hacerle preguntas personales. Aquel día le escuchaba con interés.

Lo que sí sabía era que había sido criado en Inglaterra en un hogar feliz. Su madre tenía un talento psíquico y su padre fue un médico que inspiró a Lorenzo inculcándole amor por la filosofía y sed de conocimiento. El amor al conocimiento condujo a Lorenzo hacia la búsqueda de una sabiduría ancestral. Esto fue todo lo que me había contado sobre su vida hasta aquel día.

En esta ocasión me contó que él también era médico. Había estudiado medicina con su amigo en Francia, pero nunca la había practicado. Una vez concluida su carrera empezó a aprender otras cosas. Como sentía la necesidad de hacer un trabajo físico, había pasado un año trabajando en una granja en Francia. Después había partido a la India, donde había pasado diez años estudiando con varios maestros. Me dijo que éste había sido un período muy significativo para su vida.

Dejó de hablar y se quedó mirando al fuego, luego alzó la mirada hacia mí y rio. Sabía que yo tenía un millón de preguntas en mente.

—Ya he dicho suficiente sobre mi vida por el momento. Te contaré más en otra ocasión.

Lorenzo me dijo que tenía que escribir algunas cartas y que nos encontraríamos en el vestíbulo a las ocho. Permanecí junto al fuego, pensando en él. Era elegante y misterioso, pero nada intimidante. Era obvio que había recibido una buena educación, de manera que no me sorprendió que tuviese estudios de medicina.

Para mí él era un médico para las almas. Su mera presencia poseía una cualidad sanadora. Podía hablar con autoridad sobre cualquier tema. Intenté imaginarlo trabajando en una granja. Estoy segura de que fue un ejemplo para todos los demás trabajadores. Él hallaba la magia en todas las cosas, ya se tratase de filosofía como de un campo de cereal. Era capaz de amar por igual cualquier acción que realizara. No había nada en la vida que no fuera sagrado para él. Me impresionaba, pero no me intimidaba. Poseía una grandeza en el alma que me inspiraba. Estar en su compañía era una bendición y ser su alumna un honor.

Todo lo que Lorenzo hacía tenía un propósito. Eligió encontrarse conmigo en el lago Plácido por una razón especial y me habló de sí mismo con la intención de enseñarme algo. Conocería las razones a su debido tiempo.

De momento, yo disfrutaba de la paz y la belleza de la biblioteca y el fuego.

Cuando regresé a mi habitación para cambiarme para la cena, encontré un hermoso ramo de rosas color melón sobre mi escritorio, junto a mi ordenador. La tarjeta que había junto a ellas ponía: «Toda vida puede poseer la belleza de una rosa». No estaba firmada.

Cena a las ocho

Nos reunimos en el vestíbulo y Lorenzo dijo que conocía un pequeño restaurante en el lago Saranac, como a ocho millas de distancia. Salimos en busca del coche. Era una noche maravillosa de luna llena; el aire estaba frío y despejado.

Nos tomó unos diez minutos llegar hasta allí. Nos detuvimos frente a un lugar llamado El Zorro Rojo, que me recordaba a algún sitio donde yo había estado de pequeña en Iowa. Una simpática mujer nos acompañó hasta nuestra mesa, en una esquina. Había bastante humo en la habitación debido a que no existía un área de no fumadores. Era un restaurante de carnes. Sabiendo que Lorenzo era vegetariano, me sorprendió su elección, pero sospeché que tenía sus razones para escoger un restaurante tan particular.

La camarera nos dijo que su nombre era Arlene y nos preguntó si deseábamos algún aperitivo. Pedimos unas sodas y le dijimos que esperaríamos un poco antes de pedir la cena. A continuación, Lorenzo me preguntó cómo iba mi libro.

—Bastante bien, pero necesito pedirte tu opinión sobre algo. Un cliente mío murió por abusar del alcohol. Su médico le había advertido que dejara de beber, incluso le mostró radiografías de su hígado enfermo, pero Harry ni siquiera intentó dejarlo. Continuó bebiendo sabiendo que hacerlo lo mataría. ¿Es ésta una forma de suicidio?

Lorenzo pensó por un momento y luego habló:

—Habría que examinar los motivos ocultos detrás del acto. ¿Bebía con la intención de quitarse la vida o sencillamente era incapaz de parar?

—No dijo que fuera a beber hasta morir, pero sabía que la advertencia del médico era seria y que podía vivir más tiempo si dejaba de hacerlo. Es como el diabético que sigue ingiriendo azúcar sabiendo que lo está matando. Lo que me molesta es que el doctor se lo había advertido; mucha gente no es advertida. Harry respetaba a su médico y confiaba en él. No es fácil dejar el alcohol o el azúcar, pero Harry pudo haber prolongado su vida si hubiese cambiado su comportamiento.

—No se trata de un comportamiento suicida, sino autodestructivo. Hay una gran diferencia. Muchas personas tienen hábitos autodestructivos que pueden acortar su vida, como comer en exceso, fumar o beber demasiado. Estas adicciones surgen de una falta de autocontrol, no de un deseo de morir. Deben ser controladas ahora o en una vida futura. El hombre a menudo cava su propia tumba con sus deseos y apetitos. —Lorenzo se detuvo.

※

¿No es ésa la verdad? Pensé en la gente que había muerto de cáncer de pulmón, de infartos, por fallos en el funcionamiento hepático o de otras enfermedades que son el resultado del abuso de sustancias. Mi amiga Lisa lloró cuando su madre murió por causa del tabaco. Todos habían intentado infructuosamente hacer que la mujer dejara de fumar. Lisa había dicho que la muerte de su madre era un suicidio, pero ése no era necesariamente el caso: la señora no deseaba morir y no había tenido la intención de hacerle daño a nadie. Simplemente no tuvo la fuerza necesaria para dejar de fumar.

También estaba Gary, que había muerto de un infarto a los treinta años después de haber mezclado drogas y alcohol en una fiesta. Nunca antes había tenido problemas con el corazón. En esta ocasión también lo llamaron suicidio, pero en realidad fue una tragedia, ya que él no había tenido la intención de acabar con su vida.

La eutanasia

Le hablé a Lorenzo de las perturbadoras llamadas que había estado recibiendo. Algunas eran de clientes con enfermedades terminales como cáncer o sida, otras de familiares o amigos gravemente enfermos y víctimas de un intenso dolor físico, que deseaban poner fin a su vida. Me partía el corazón. Su mayor temor era morir sin dignidad, el otro temor era económico. Algunos de ellos no tenían dinero ni seguro médico para pagar el prolongado tratamiento.

Yo sabía cuál era mi postura sobre este tema. Creo que es inaceptable terminar con tu vida o ayudar a otros a hacerlo porque están enfermos.

Considero, sin embargo, que no se debe prolongar la vida de nadie con el uso de máquinas. Cualquier persona que no pueda mantenerse con vida sin máquinas debería tener el derecho de morir.

❧

Matt, que estaba muy enfermo de sida y empeoraba cada día, estaba muy enfadado por mi postura.

—No tengo esperanzas y ahora mi mente se está viendo afectada. Tengo dolores constantes y la vida ya no es divertida. Verme enfermo está matando a mi madre. ¿Qué sentido tiene? De todas maneras, me voy a morir. –Lloraba.

Yo había recibido muchas llamadas de clientes víctimas del sida como Matt. Me partía el corazón ver a estas personas jóvenes, talentosas y maravillosas sufriendo esta horrible enfermedad. Comprendía su terror y su desesperanza, pero el suicidio no es la respuesta. Lidiar con el cáncer, el sida o cualquier otra enfermedad grave es un desafío para todos, una prueba espiritual.

Debemos ofrecer todo el amor, apoyo y consuelo que podamos cualquiera que tenga sida o cualquier otra enfermedad terminal. Nuestro amor puede ayudarles a superar el deseo de poner fin a su vida prematuramente.

Susana no soportaba ver a su madre sufrir a causa del cáncer. No quería que ella muriera, pero no deseaba que continuara sufriendo. El deseo de su madre era que Susana la ayudara a morir.

Susana cumplió con el deseo de su madre. Después de haberle dado las píldoras a su madre, se arrepintió inmediatamente. Su madre tardó muchas horas en morir. Susana permaneció junto su cama mientras ella luchaba por respirar. Cuando todo hubo terminado, Susana no tuvo un sólo día de paz. Dos años más tarde le diagnosticaron un cáncer. Ella creía que había atraído al cáncer debido a la pena y la culpa por la muerte de su madre.

¿Quién puede saber con certeza por qué enfermó Susana? Os aseguro que nunca se recuperó de haber ayudado a su madre a morir.

※

Lorenzo se sintió profundamente conmovido por esta conversación.

Tomó mi mano y me dijo con gran pasión:

—Es muy difícil enfrentarse a situaciones como ésta, pero las personas deben aprender a pensar más allá de lo físico. A menudo es la compasión lo que hace que la gente crea que lo correcto es ayudar a morir; pero no siempre. Piensa en los abusos que podrían ocurrir si esto se legaliza. ¿Cuántas muertes acabarían prematuramente a manos de los supuestamente «compasivos» amigos y familiares?

»¿Quién tiene derecho de elegir entre la vida y la muerte de alguien? Mientras vivimos podemos aprender. El karma está involucrado en el vivir y el morir. Si es tu karma tener una muerte difícil, debes enfrentarlo o se repetirá en otra vida. Estoy hablando con verdadera compasión, pues yo sé que el sufrimiento será mayor si la vida es llevada a su fin antes del tiempo natural.

»No existe compasión en el asesinato compasivo. El suicidio o la muerte asistida no acaban con el sufrimiento. Son el principio de un sufrimiento mayor, un sufrimiento espiritual. Debemos recordar que los dolores físicos son temporales; es el espíritu el que sufre más allá de la tumba cuando te quitas la vida o ayudas a alguien a hacerlo.

Los zorros rojos

Llegó nuestra cena y cambiamos de tema de conversación. Lorenzo me habló un poco más de su amigo médico en Francia, que estaba trabajando sin descanso para desarrollar analgésicos que fuesen menos tóxicos que los actualmente existentes.

Terminamos de cenar y pedimos café. Le pregunté a Arlene, la camarera, por qué este lugar se llamaba El Zorro Rojo. Me explicó que había zorros afuera, en la parte trasera. Le pregunté si eran peligrosos.

—Normalmente no, pero el año pasado tuvimos algunos con rabia. Un zorro le arrancó el monedero de la mano a una señora que se dirigía a su automóvil. Estos zorros suelen ser muy tímidos; supimos que algo no andaba bien por el cambio de comportamiento, porque se volvieron osados de un momento a otro.

La camarera se alejó moviendo la cabeza negativamente. Lorenzo rio, pero también me hizo ver la sabiduría de aquella historia.

—Piensa en todos los problemas que podrían ser evitados si notáramos cuándo el comportamiento normal de las personas cambia.

Lorenzo volvió al tema del suicidio por un momento. Hablamos de cómo a veces (no siempre) el comportamiento de una persona cambia cuando ésta empieza a pensar en suicidarse. Esto es como una bandera roja que nos avisa de que debemos ayudar. No todos los suicidios pueden ser evitados, pero algunos sí, prestando más atención a la gente que nos rodea. Cuando alguien no piensa con claridad, necesita que los demás lo protejan. Si una persona tiene insomnio, llora con frecuencia y sin razón aparente, o pierde peso sin haber hecho una dieta de adelgazamiento, envíala a ver un buen médico. Una persona muy deprimida no siempre es capaz de pedir ayuda. Podríamos tener la buena fortuna de evitar que alguien se suicide, salvándolos así de sufrir un vacío en el mundo del espíritu.

Pedimos la cuenta y salimos del restaurante. Conduje lentamente hasta el hotel, disfrutando del viaje. Estuve recordando nuestra conversación sobre el suicidio y me vino otra pregunta a la mente.

—Lorenzo, ¿existe alguna diferencia en que una persona esté loca cuando se suicida? Conozco algunas personas equilibradas que se suicidan, pero otras no lo están tanto.

—El estado en que uno se encuentra temporalmente después de haberse suicidado varía según el carácter del suicida. Todos permanecerán en un estado incómodo hasta el momento de su muerte natural. La locura no cambia esto, pero no todos los estados son exactamente iguales. A algunas personas las abrumará la culpa y el remordimiento mientras que otras se sentirán un poco aturdidas, como en medio de la niebla. A todas se les proporcionará la oportunidad de vivir otra vez. Podrán conseguir el perdón de aquéllos a los que hicieron daño y de sí mismos.

⁂

Llegamos al hotel. Lorenzo dijo que no me vería por la mañana porque tenía que irse. Me aconsejó que durmiese dos días más y prometió que estaríamos en contacto muy pronto.

Entré en mi habitación y las rosas me alegraron. Lorenzo sabía que me pondría triste cuando él se fuera, por eso me las dio. Estaba segura de que me había llevado a El Zorro Rojo sólo para que pudiese oír la historia de la camarera sobre los zorros. Él tenía una razón para todo y, aunque a veces yo no supiera cuál era en el momento, con el tiempo todo se aclaraba.

— JOY —

Pude poner en práctica la sabiduría de Lorenzo en cuanto llegué a Nueva York. Mark, un cliente que yo conocía desde hacía años estaba frenético. El comportamiento de su mujer, Joy, había cambiado notablemente en las últimas semanas. Mark no sabía qué hacer con ella. Era tímido por naturaleza y detestaba los enfrentamientos. Joy, por otro lado, podía ser muy intimidante cuando quería. Normalmente era una persona muy limpia en la casa y en su aseo personal. Ahora se paseaba vistiendo ropa sucia, despeinada, dejaba los platos sucios sin lavar y cosas tiradas por los suelos. Si Mark intentaba recoger algo, le gritaba. Él le pidió ayuda a la madre de Joy, pero ésta no quiso involucrarse. Finalmente, Mark me suplicó que lo ayudara. Como Joy no quería venir a verme, yo fui a su apartamento.

El sitio estaba hecho un desastre y Joy me pareció mucho peor de lo que Mark me había descrito. Intenté hablar con ella, pero ella parecía estar en otro mundo. Mark era un puñado de nervios, a punto de llorar. Yo sabía que Joy necesitaba ver a un médico, pero no iba a ser fácil convencerla.

Cuando me hallaba sentada en el salón con Joy, vi claramente a una mujer, en espíritu, cerca de ella. La mujer movía la cabeza negativamente y parecía muy preocupada. La observé detenidamente, esperando captar algún mensaje que pudiera ayudarnos. Luego oí una voz en mi cabeza que me decía: «Llámala Heidi, así es como yo solía llamarla. Era su cuento favorito, y yo se lo leía todas las noches. Dile a Heidi que la abuela quiere que vea a un doctor. Ella siempre hacía lo que yo le decía cuando era pequeña. Hazlo».

La voz calló y la imagen desapareció. Miré a Joy y le dije:

—Heidi, tu abuela quiere que vayas a ver a un médico.

—¿Dónde está? –Joy se puso de pie de un salto y comenzó a mirar a su alrededor.

—Creo que debe estar donde el doctor, Joy. Vamos a ver si está ahí.

Mark pareció pasmado, pero no dijo ni una palabra. Esperó. Joy pareció un poco confundida, pero accedió a acompañarnos. La llevamos a un psiquiatra que descubrió que tenía una reacción a una medicación que le habían dado para un problema menor de salud. Dijo que podría haberse suicidado si hubiésemos tardado más tiempo en venir.

Deberíamos agradecérselo a su abuela, ya que ella fue quien logró que Joy fuese a ver al doctor. En cuanto Joy dejó de tomar la medicación, volvió a ser la misma de antes. Tuvo suerte; sus seres queridos de aquí y del mundo del espíritu la estaban cuidando.

El enfoque más amplio

Es posible enfrentarse a pruebas físicas y emocionales con entendimiento en lugar de desesperanza si somos capaces de ver y aceptar un enfoque más amplio. Los problemas que llevan a la gente a quitarse la vida son pasajeros. La vida es eterna.

Debemos enfrentarnos a las pruebas que nos presenta nuestro propio karma. Estas pruebas nos brindan la oportunidad de producir un nuevo karma y de liberarnos del karma anterior.

Esta corta vida es como una gota de agua en el océano del tiempo. Nacemos, vivimos, y pasamos al mundo del espíritu. La muerte es tan natural como el nacimiento, y deberíamos morir de la forma más natural posible. Cuando la muerte es natural, el espíritu flota tranquilamente hacia la luz. En un suicidio, el alma es arrancada bruscamente del cuerpo.

Nunca eres demasiado joven para aprender. A los niños y a los adolescentes se les puede enseñar lo sagrada que es la vida. Se les pueden dar herramientas que los ayuden a superar las pruebas de la vida.

Educar a las personas a tener un enfoque más amplio puede ayudar a prevenir muchos suicidios.

El suicidio no acaba con los problemas, sólo los intensifica. No puedo hacer más que enfatizar que no puedes matar nada. Puedes terminar con tu vida física, pero seguirás vivo como espíritu.

Habla con gente que haya intentado suicidarse y haya fallado. Te confirmarán que el lugar en el que estuvieron no era alegre y que están felices de tener otra nueva oportunidad. Los problemas pasan, pero el Dios interior permanece.

Debemos proteger la vida para mostrarle respeto al Dios que vive dentro de nosotros.

Incluso si descubres que sólo te quedan unos pocos meses de vida, deberías utilizar tu tiempo para recoger tanto conocimiento como te sea posible para que te ayude en tu próxima vida.

El cuerpo físico empieza a morir desde el momento en que nacemos. Todo lo que hacemos en la vida lo hacemos mientras estamos en el proceso de morir. Hasta que tomemos nuestro último aliento, podemos aprender y adquirir experiencia de la vida. Podemos amar y servir a otros y al Dios interior. Todo en la vida es sagrado y está lleno de misterio, y debe ser preservado.

El enfoque más amplio es producto de nuestras acciones. Nos ganamos nuestra próxima vida por la manera en que vivimos y morimos en ésta.

Capítulo 6

EL MUNDO DEL PENSAMIENTO

El mundo del espíritu es un mundo de pensamientos. En el momento en que llegas ahí, la toma de consciencia del poder del pensamiento te sobrecogerá. Puedes haber leído todos los libros que hay en el mercado sobre el poder del pensamiento positivo, pero al otro lado es incluso mayor de lo que puedes imaginar.

Después de haber llegado al mundo del espíritu, verás inmediatamente la acción de tu pensamiento. Ya no estás restringido por tu cuerpo físico. En la Tierra debemos pensar en hacer algo, luego hacerlo físicamente para que el pensamiento funcione. Imaginemos que decides ir a una tienda. Debes salir de tu casa y luego caminar o conducir hasta la tienda. En el mundo del espíritu piensas en estar en un sitio y, de hecho, estás ahí en ese mismo momento. La mente y el pensamiento son uno; son un equipo.

El pensamiento positivo en la vida física ayuda a crear una vida feliz y satisfactoria. Tener pensamientos positivos puede ayudarnos con nuestros problemas e influir en nuestra calidad de vida y de la vida que vendrá después. Las circunstancias de nuestra vida física son una combinación de nuestros pensamientos y acciones actuales, y de situaciones kármicas de vidas pasadas que llegan a esta vida. Ciertas situaciones que se presentan en esta vida no son sólo el resultado de nuestros hábitos de pensamiento, son kármicas. Cuando llegamos al mundo del espíritu nuestra vida consiste únicamente de nuestros pensamientos. El karma sólo actúa en el mundo físico.

El pensamiento correcto

Una agradable mujer llamada Carrie murió de cáncer en 1989. Yo había pasado mucho tiempo con ella durante su enfermedad y habíamos hablado del otro lado muchas veces. Ella sabía que el pensamiento positivo la ayudaría a superar las pruebas y era muy diligente en la aplicación del pensamiento positivo. No se permitía a sí misma tener pensamientos de rabia o resentimiento. Mantenía la mente enfocada en maneras de mejorar su salud. Carrie era una persona que siempre veía el vaso medio lleno, no medio vacío. Todo el mundo amaba a Carrie y muchos intentaron emular su personalidad positiva. Su apodo, «Ángel», le iba muy bien.

El cáncer de Carrie había estado en remisión durante dos años y a ella le afectó profundamente que el cáncer recurriera. Se sentía responsable. Pensó que no había sido lo suficientemente positiva y que por eso el cáncer había recurrido. Estalló en un llanto y se lamentó:

—¿Por qué no se comporta mi cuerpo como le indica mi mente?

Me entristeció verla sentirse culpable. Había entendido mal la idea del pensamiento positivo y yo quería ayudarla a comprenderlo. No había ningún problema con sus pensamientos. Era una de las personas más positivas y amorosas que he conocido. Nunca se quejaba de su enfermedad y ayudaba a los demás en la medida de sus posibilidades. Su cáncer era kármico.

Le expliqué que había ciertas situaciones en nuestra vida que arrastramos de una vida pasada. Pondré un ejemplo: Un bebé nace ciego. Su madre cuidó su salud durante el embarazo, ningún otro miembro de la familia es ciego; no existe ninguna razón lógica para esta aparente injusticia. El hecho es que el alma del niño ha traído este problema para poder liberarse del karma de una vida pasada. ¿Quién podría acusar a este niño de pensamientos equivocados?

A medida que el niño crezca, la elección de cómo lidiar con su situación kármica estará en sus manos. El pensamiento positivo le ayudará a enfrentarse al desafío con valentía. ¿Se enfadará si el pensamiento positivo no le devuelve la vista?, ¿o será una persona feliz y productiva que vivirá con su problema kármico? La respuesta está en sus hábitos de pensamiento.

Carrie se sintió muy aliviada cuando aceptó que había hecho todo lo posible para intentar recuperar la salud. Examinamos su vida y su forma de pensar, y ella vio con claridad que había vivido una vida muy buena y positiva. Esto la ayudó a hacer las paces con su muerte.

◦⁍⁌◦

Recibí un mensaje de Carrie después de su muerte. Me llegó de una manera interesante. Antes de que Carrie muriera, estuvimos hablando de la posibilidad de volver a vernos otra vez. Me dijo que cuando hiciese el tránsito me lo haría saber. La noche en que murió, era tarde y yo estaba viendo televisión en mi habitación cuando un ángel de cristal de Baccarat que normalmente está sobre mi cómoda atravesó la habitación volando. Voló, literalmente. (Yo estoy habituada a este tipo de fenómenos, a los psíquicos nos suele ocurrir). Recogí el ángel y, al volver a ponerlo en su sitio, vi a Pluma Blanca de pie junto a mi escritorio. Tenía los brazos cruzados. Su actitud tan calmada me advirtió que había un mensaje.

Me quedé muy quieta y me concentré en mi pantalla astral. Vi el rostro iluminado de Carrie. Reía y hablaba con un grupo de personas. Su madre se encontraba en el grupo (yo había visto una foto de su madre. Ella había muerto cuando Carrie tenía diez años). Parecía una gran fiesta. Carrie, que antes de morir había estado muy delgada y gris, ahora parecía perfectamente sana. El pensamiento positivo y su fe en la vida posterior la ayudaron a hacer la transición de una manera clara y suave. Esta imagen mostraba que ella había estado preparada para hacer el tránsito. Sus pensamientos en el momento de la muerte habían sido tan positivos como los de toda su vida.

La imagen se desvaneció y Pluma Blanca desapareció. Miré el reloj pensando que debía llamar a su marido. Como ya era medianoche en California, decidí esperar a la mañana siguiente para hacer la llamada.

Por la mañana sonó el teléfono. El marido de Carrie me llamaba para decirme que su «Ángel» había muerto a medianoche aproximadamente. Me confirmó que ella había estado serena y calmada al abandonar el mundo físico. No le dije que yo ya lo sabía.

La manifestación del pensamiento en el espíritu

En la Tierra, los pensamientos deben adquirir una forma concreta, física, para ser efectivos. En el mundo del espíritu éste no es el caso.

En el mundo físico, por ejemplo, uno debe trabajar duramente para crear una casa. Se hacen los planos y luego el constructor los ejecuta. Puede tomar meses de ardua labor darle vida a una casa y luego hay que amueblarla.

Como espíritu, simplemente piensas en la casa que te gustaría tener y ya es tuya. Abuela Gracia reprodujo su casa de

Iowa en espíritu con sólo pensar en ella. Su deseo de vivir en aquel entorno familiar se manifestó. La casa es muy real, pero no está compuesta de materia física; está hecha de formas de pensamiento. La casa existirá mientras los pensamientos de mi abuela deseen que permanezca ahí. Con el tiempo puede ser que ella supere el deseo de tenerla y entonces se desvanecerá. Las formas de pensamiento de abuela Gracia le dicen a la gente dónde se encuentra ella. Un pensamiento dirigido a ella con fuerza le llegará. Si alguna persona que abuela Gracia conoció en la Tierra llega al mundo del espíritu y quiere saber dónde vive ella, no tiene más que enviarle un pensamiento poderoso. Abuela lo recibirá y luego, utilizando sus poderosas formas de pensamiento, le indicará dónde queda su casa. Esto sucede en un instante. La persona, entonces, decide si quiere llegar hasta la casa caminando o, si lo prefiere, volando.

❧

El hecho de que tus pensamientos se manifiesten en el mundo del espíritu no quiere decir que no tengas privacidad.

Ser espíritu no significa que te volverás clarividente y que leerás los pensamientos de los demás. Sería difícil sentirse feliz si uno percibiera los pensamientos ajenos. Lo que sucede es que uno ve los resultados de sus pensamientos sin tener que realizar ninguna acción.

Las formas de pensamiento se manifiestan instantáneamente. Si piensas en la ropa que te gustaría vestir, la vistes al instante. Si te concentras en una persona con la que te gustaría comunicarte, recibes un mensaje de ella inmediatamente.

Volar
Uno se puede mover instantáneamente en el mundo del espíritu sin retraso en el tiempo. Simplemente concentras tu

mente en el sitio donde quieres estar y estás ahí al instante. La mente controla el cuerpo, mientras que en el mundo físico debemos esperar a que nuestros cuerpos se muevan; el deseo no nos transporta a donde queremos ir. El cuerpo del espíritu y la mente son socios, trabajan juntos simultáneamente.

Algunas de las personas que llegan al mundo del espíritu deben aprender esta nueva forma de moverse. A menudo se sienten torpes hasta que se acostumbran a la conexión mente-cuerpo.

Si recordáis el caso de Molly, que vivió la experiencia cercana a la muerte y me trajo un mensaje de «la vieja señora». Su tío tuvo que agarrarla para que no se cayera mientras se desplazaban. Como éste era su primer viaje al mundo del espíritu, ella no comprendía el poder de la mente. No tuvo tiempo de acostumbrarse a la acción simultánea. Nadie se lastima si se cae en el mundo del espíritu porque el cuerpo espiritual no puede ser dañado.

Muchas personas que han tenido experiencias cercanas a la muerte nos hablan de movimiento rápido, o dicen haber sentido que volaban. La rapidez de movimiento en las visiones que Pluma Blanca me mostró me había impresionado. La escena cambiaba a cada instante. Me enteré de que esto pasaba porque pensamiento y acción no están separados en el mundo del espíritu como en el mundo físico.

— MARÍA —

Una mujer de veintitrés años me relató esta experiencia cercana a la muerte:

—Recuerdo que estaba en la sala de estar sintiéndome muy mareada. Llamé a mi marido para que me ayudase. A continuación, recuerdo que me encontraba encima de mi cuerpo, observándolo. Durante un segundo sentí que perdía el equilibrio, como si me fuese a caer, pero aquella sensación desapareció rápidamente. Pensé en mi bebé, que estaba en el segundo piso, e inmediatamente me encontré en su habitación. El bebé estaba bien, profundamente dormido. Mi mente regresó a mi marido y en un segundo me encontré otra vez en la sala de estar observando cómo me hacía la respiración boca a boca. Sonó el teléfono y al instante me encontraba en la cocina, junto al aparato. Era increíble. Me sentía libre como un pájaro, volando por toda la casa, observándolo todo. Lo siguiente que recuerdo es despertar en el hospital.

Le contó a su marido todo lo que había visto durante el tiempo en que estuvo supuestamente muerta. A él le impresionó la descripción detallada, pero la aceptó como una prueba de la vida después de la muerte.

Seis meses después de esta experiencia, el marido de María murió en un accidente automovilístico. María estaba muy triste y se sentía muy sola. Habían estado juntos durante nueve años y ella lo amaba mucho. Lo que la consoló fue su experiencia cercana a la muerte y sintió que Dios la había bendecido. Sabía que él no estaba muerto. Ella está segura de que él es capaz de volar.

Formas de pensamiento

Todo pensamiento que tienes en el mundo físico y en el espiritual adquiere una forma. Esta forma puede ser vista por los psíquicos entrenados. La intensidad del pensamiento determina el peso, el poder y la forma que adquirirá.

Algunos pensamientos que pasan con rapidez por nuestra mente no crean formas duraderas. Otras, debido a su intensidad o por la repetición, se convierten en una poderosa forma con color y sonido. Esta forma permanece con nosotros y tiene un efecto sobre nuestra vida. Por ejemplo, si dejas caer las cenizas de un cigarrillo sobre tu abrigo y las limpias inmediatamente, lo más probable es que no te lo quemen. Si dejas que se asienten, te lo quemarán, haciéndole un agujero. Lo mismo sucede con los pensamientos. Cuanto más tiempo retengas el pensamiento, más poderoso será. Los pensamientos, como el fuego, tienen poco efecto si no los dejamos quedarse un rato. Los pensamientos que se retienen crean patrones fuertes que construyen nuestras auras. (El aura es una sustancia parecida a una nube coloreada, creada por nuestros pensamientos, sentimientos y pasiones, que rodea nuestro cuerpo. Esta atmósfera sensible responde inmediatamente a los cambios emocionales y de pensamiento. Su color varía según el estado emocional).

Los diferentes pensamientos resuenan de distinta manera. Los celos intensos crean un color marrón verdoso y turbio en el aura de la persona que tiene este tipo de pensamientos. Al retener este pensamiento estás repeliendo todos los buenos pensamientos que están dirigidos hacia ti. Un pensamiento amoroso producirá tonos de amarillo y te abrirá a atraer otros pensamientos positivos.

Supongamos que sientes un odio intenso hacia una persona. Piensas una y otra vez en tu desprecio hacia ella. Esta negatividad adquirirá una forma desagradable y un color rojo rabioso en tu aura. Si retienes la rabia durante mucho tiempo, ninguna persona amorosa se sentirá atraída hacia ti.

No tienes que ser psíquico para saber que pasar mucho rato con una persona depresiva y negativa te deprimirá a ti también. Esto sucede porque estás en su aura y no puedes evitar absorber sus vibraciones.

El poder de tu voluntad es la única herramienta para romper con una pauta negativa. Debes reemplazar el pensamiento de odio por uno de amor y perdón. Si eres incapaz de hacerlo, puedes llegar a tener un desequilibrio mental. En cualquier caso, serás muy infeliz, y los pensamientos equivocados sólo crean sufrimiento.

Los buenos pensamientos crean formas positivas y el resultado será la felicidad y el equilibrio. Esto es cierto tanto en el mundo físico como en el espiritual.

Hay que ser clarividente para ver las formas de pensamiento. No son discernibles al ojo físico hasta que adquieren una expresión concreta. Si no posees estos dones, debes esperar a oír o ver el resultado de las formas de pensamiento. El poder del pensamiento es mucho más obvio en el mundo del espíritu.

Cómo los psíquicos leen las formas del pensamiento

Comprender las formas del pensamiento puede ayudarte a entender una de las maneras en que trabaja el don psíquico. En realidad es una cuestión de vibraciones.

Todo está vivo y vibra a distintos ritmos. El clarividente posee la habilidad de percibir las cosas en un ritmo de vibración diferente. Por ejemplo, una mujer a la que nunca antes he visto llega a una sesión. Está bien vestida y parece agradable, pero la miro y veo una vibración de enfado. Es de color rojo y vibra con rabia. A continuación, soy capaz de captar las circunstancias de su enfado. Ha terminado con su novio porque le ha sido infiel. Ella tiene sed de venganza.

Esto me llega con facilidad, como si leyera un libro, porque sintonizo con sus formas de pensamiento. Entonces puedo percibir psíquicamente hacia dónde se dirige su futuro. Veo que enfermará si se aferra a este pensamiento negativo. Pero ella tiene libre albedrío para cambiar esto cambiando sus pensamientos. En este caso puede esforzarse por cambiar estos pensamientos de rabia por unos de perdón. Mientras hablamos, percibo otras formas de pensamiento, pero la rabia predomina. Las otras formas no pueden competir con el poder de la rabia. Con suerte, el tiempo sanará sus pensamientos. ¿Qué sentido tiene aferrarse a esta negatividad? Será ella quien sufra por ello.

Intento hacerle comprender que es necesario que cambie su forma de pensar, pero ella no entiende a dónde quiero llegar. Sabe que es infeliz y que está obsesionada con la rabia, pero esto no prueba que la negatividad de sus pensamientos sea directamente responsable de su infelicidad. El tiempo le dará la prueba que busca.

Tu forma de pensar crea tu mundo. Eres libre de escoger lo que quieres pensar sobre cualquier situación en la vida. No siempre podemos cambiar nuestras circunstancias, pero podemos cambiar nuestros pensamientos. Lorenzo suele decir: «No importa tanto lo que suceda, sino cómo reacciones a lo que suceda».

En el mundo del espíritu esto es de sobra conocido, pero en la Tierra estamos empezando a aprender.

S. O. S.

Ya he hablado de mi conexión de pensamientos con Lorenzo. Él es capaz de captar las formas de mi pensamiento al instante cuando las dirijo hacia él con fuerza. Esto requiere de una gran concentración y voluntad por mi parte. Pienso en él, haciéndole saber que agradecería su ayuda, y él lo recibe de inmediato. Él decide si es necesario que nos veamos.

A veces responde a mi petición de ayuda enviándome un pensamiento de amor. Cuando lo hace, siento como si me envolviera con una manta de consuelo. Otras veces, simplemente aparece. A veces parece que no respondiera, cuando en realidad su respuesta es el silencio. Así me hace saber que yo puedo manejar esa situación en particular sola. Un maestro sabio permite que el alumno encuentre sus propias soluciones a los problemas siempre que sea posible.

Sería egoísta por mi parte llamar a Lorenzo cada vez que surge un pequeño problema. Hago lo posible por llamarlo solamente cuando las cosas son especialmente difíciles.

Lorenzo tiene un control total sobre su pensamiento. Su motivación es siempre altruista. Posee un nivel elevado de pensamiento.

—La mayoría de las personas son incapaces de controlar sus pensamientos, de manera que los pensamientos los controlan a ellos —me dijo en repetidas ocasiones—. Debemos aspirar a mantener nuestros pensamientos a un nivel espiritual. El pensamiento obsesivo crea desequilibrio y desarmonía. Trabaja para entrenar tu pensamiento como una bailarina entrena su cuerpo a responder a sus órdenes. Esto requiere de concentración y disciplina. Ordénale a tu mente que piense en el amor, no en el odio; que piense en el perdón, no en la rabia o la venganza. Esto hará que esta vida y las siguientes sean mejores.

❧

El mundo del espíritu no tiene industria ni dinero, de manera que no existen pensamientos de codicia o competencia. El cuerpo espiritual no requiere de comida, por lo tanto, no hay pensamientos sobre ella. El cuerpo espiritual permanece en perfecta salud, de manera que no hace falta pensar en dietas ni ejercicios.

Los materialistas pensarán que esto suena aburrido, porque ellos no pueden concebir la vida sin placeres físicos. Sin embargo, el mundo del espíritu está pleno de pensamientos de amor dirigidos hacia la búsqueda de la sabiduría. Estaremos bien servidos si mantenemos pensamientos de belleza. Los pensamientos dirigidos hacia la satisfacción de los placeres físicos pueden hacernos daño.

Visitar los reinos del espíritu durante el sueño

Ya he mencionado que algunas de mis experiencias psíquicas y de mis visiones llegan a mí en sueños. El cuerpo espiritual suele viajar mientras dormimos. El cordón que conecta al cuerpo físico con el espiritual es bastante elástico. Yo he viajado a los reinos del espíritu durante el sueño, guiada por Pluma Blanca o por algún amigo que haya hecho el tránsito. Es posible moverse con facilidad entre los dos mundos mientras uno duerme porque en esos momentos no estamos cargados de pensamientos sobre actividades físicas.

Pasé muchos años analizando mis sueños. Me entrené para registrarlos en la grabadora en cuanto despertaba. Mi vida onírica es muy activa. A veces me despierto cuatro o cinco veces durante la noche.

La vida de la mayor parte de la gente es muy agitada y la mía no es una excepción. A veces pienso que el único momento en el que los espíritus pueden comunicarse conmigo es cuando estoy durmiendo.

Ser una psíquica es a veces un poco como tener una línea telefónica que siempre está ocupada. Si hay una emergencia, la operadora tiene que interrumpir otra llamada. A veces el alma que está al otro lado tiene que irrumpir en mi sueño para transmitir un mensaje. Durante el día no hay suficientes horas, de manera que las noches deben ser aprovechadas.

Cada noche, antes de dormirme, les envío pensamientos positivos a Pluma Blanca y a Lorenzo. Este pequeño ritual ayuda a dejar salir cualquier forma de pensamiento que pudiera interferir con mi capacidad de recibir mensajes de aquellos que me necesitan. Este sencillo acto es muy efectivo.

Durante el sueño nuestros pensamientos están vivos.

Mi amigo David, quien murió hace unos meses, me visitó en sueños hace unas pocas semanas. Cuando estaba en la Tierra era muy gracioso y parece que ha mantenido su sentido del humor en el mundo del espíritu.

Empezó tomándome el pelo, diciendo que era imposible dar conmigo.

—Hay una cola de personas que están intentando contactar contigo. Pensé que nunca lo conseguiría. ¿Te gustó la forma en que rompí el cuadro el día que fallecí? (Había golpeado un cuadro en mi habitación).

—No me hizo gracia tener que gastar dinero cambiándole el cristal. ¿No podrías haberme dado algún otro tipo de señal? –bromeé.

Me recordó que había sido culpa mía. Yo le había dicho que cuando uno muere los cuadros caen y los cristales se rompen porque la gente se identifica con esas señales. Han sido utilizadas una y otra vez a lo largo de la historia como señales de una muerte heráldica, de manera que ¿por qué cambiar algo tan reconocible?

David se puso serio y habló de su felicidad en el mundo del espíritu. Le había pedido permiso a mi maestra, «la vieja señora», para hablar conmigo. Ella lo había ayudado a establecer contacto conmigo.

David había tenido miedo de morir, incluso después de que yo le explicase cómo era el mundo del espíritu y que en realidad no morimos. Le prometí que su temor le abandonaría en el momento del traspaso.

Me visitó para agradecerme que le hubiese ayudado, ya que no había tenido la oportunidad de hacerlo antes de morir.

Desperté de este sueño y el mismo cuadro que David había roto había dejado la pared y estaba en el suelo, junto a mi cama. Esta vez el vidrio estaba intacto.

Mi visita a «la vieja señora»

Os he hablado de los mensajes que Molly y David recibieron de «la vieja señora». Ahora os contaré la visita que le hice.

Molly vio a «la vieja señora» sentada en una sala de reuniones. Éste es un lugar en el mundo del espíritu en el cual los maestros se reúnen para tomar decisiones que nos puedan ayudar en la Tierra. Es una sala muy grande con una mesa larguísima rodeada de muchas sillas. Hay muchos maestros distintos, expertos en temas específicos. Se reúnen para discutir ideas que puedan inspirar a la humanidad.

Pluma Blanca me enseñó esta sala cuando yo era muy joven. En aquella época no comprendí su importancia. Ahora lo veo claramente. Los maestros deciden las filosofías que se pueden probar para ayudar a la humanidad. La decisión conjunta de inspirar a alguien en la Tierra a empezar una nueva religión o una nueva psicología se toma en esta habitación.

La persona en la Tierra recibe la inspiración de los maestros porque eso forma parte de su karma. Los maestros no pueden interferir con el karma del planeta. Nada empieza en la Tierra que nosotros no merezcamos tener.

La gente pregunta por qué los maestros permiten el sufrimiento en la Tierra. La respuesta está en comprender que el hombre aprende de todas las experiencias que atrae hacia él. Ningún maestro quiere que nadie sufra, pero nadie puede interferir con el karma que hemos creado para nosotros mismos mediante nuestros actos.

En 1990 estuve muy enferma con neumonía. He sido bendecida con una buena salud, de manera que esto era muy inusual. Me sentía muy cansada y tenía una fiebre muy alta. El médico me había dado una medicación y por lo tanto lo único que podía hacer era descansar.

Es un hecho que a veces cuando estamos enfermos nuestra percepción psíquica se agudiza. Esto puede parecer extraño, pero es verdad. Creo que cuando se presenta una enfermedad, nuestras defensas bajan y por lo tanto existen menos barreras entre los dos mundos.

Me encontraba en la cama descansando cuando, de repente, sentí como si flotara. Unas imágenes pasaron delante de mí rápidamente. No me estaba muriendo ni estaba teniendo una experiencia cercana a la muerte. Yo era una psíquica teniendo una visión del plano astral en colores desde mi apartamento del Greenwich Village. Había sintonizado con el plano astral y veía todo como quien ve una película en la tele. Me detuve en la sala de reuniones y vi a «la vieja señora» escribiendo con una pluma. Estaba tan concentrada en su trabajo que no pareció notar mi presencia.

Los papeles volaban por todas partes y no parecía importarle. Yo quería hablar con ella, pero no lo hacía por timidez. Entonces ella dejó de escribir y me miró directamente a los ojos.

—Bueno, veo que ya has terminado tu primer libro. ¡Ya era hora! –exclamó, y luego sonrió.

Yo esperaba que esta querida mujer fuese dura, ya que había leído muchas historias sobre su mal genio.

Ella me explicó lo que era la sala de reuniones y lo que los maestros hacían allí. Me dijo las cosas que yo debía hacer cuando me sintiera mejor. Me mostró el papel en el cual trabajaba.

—Se publicará ahí abajo en el momento adecuado. («Ahí abajo» era como llamaba a la Tierra).

Nunca olvidaré el amor que brillaba en sus ojos cuando me miraba. Aquella mirada me ha dado fuerzas en momentos de necesidad.

Después tomé consciencia de mi habitación y de que el teléfono estaba sonando. Sobre la cama, junto a mí, ¡había una pluma como la del sueño! Ella me había mandado de regreso a la Tierra con un regalo del otro lado.

La libertad

Yo era bastante joven la primera vez que experimenté el poder del pensamiento. Es algo que ha permanecido conmigo durante toda mi vida.

Durante un período de tiempo, todo lo que yo deseaba se manifestaba. Las cosas más tontas, como una agenda o una billetera, aparecían si pensaba en ellas. Recuerdo que un día pensé: «Tengo que ir a comprar una nueva libreta de teléfonos». Luego salí a la calle y junto a mi puerta había una libreta de teléfonos nueva cubierta con un plástico. Al principio me pareció una extraña coincidencia, de manera que no le di importancia. Pero cuando este tipo de hechos me hubo sucedido unas diez veces, realmente empecé a observar mis pensamientos. Observé que si mantenía un pensamiento durante un tiempo definido las cosas se manifestaban. Esto no era algo bueno, ya que yo sabía que las formas del pensamiento estaban siendo creadas para traerme estas cosas.

No era mi intención utilizar mal esta fuerza, sencillamente me sucedía. El hecho de que yo tenga dones psíquicos hace que mis patrones de pensamiento sean más intensos que los de otra gente, de manera que debo observar mis pensamientos muy de cerca.

Aprendí con disciplina a controlar mis pensamientos. Ya no retengo pensamientos con la intención de tener algo. Hago lo posible por tener pensamientos positivos, productivos y amables. Esto permite que todo lo que me pertenece venga a mí.

Los pensamientos son muy potentes; son el camino hacia la libertad.

No somos libres si estamos obsesionados con algo, ya sea una sustancia, una persona o un deseo de ganancia material. Todos estos desequilibrios son creados por nuestro pensamiento. ¡Imagínatelo! Podemos cambiar nuestra vida cambiando nuestros pensamientos. Esto no significa que el solo hecho de pensar traerá todas las cosas que deseamos. Si piensas correctamente, no te abruma ningún deseo. Aprendamos a desear sólo la paz mental. De esta manera seremos dueños de la libertad.

La existencia física dificulta este tipo de pensamiento. Estamos siendo puestos a prueba constantemente por las tentaciones del mundo físico. El deseo es la mayor causa de muerte prematura, enfermedad y decadencia. ¿No es liberador darse cuenta de que en el mundo del espíritu ya no tendremos que cargar con estas cosas temporales?

Como espíritus ya no estaremos agotados por la persecución de placeres temporales. El cuerpo del espíritu no tiene que luchar por nada. Una vez que entramos en los reinos celestiales nos liberamos de las adicciones y las tensiones de la vida física. Sería bueno que empezáramos nuestras pautas de pensamiento positivo ahora mismo. No ganamos nada demorándolo.

Piensa antes de actuar

En el mundo físico nos beneficia pensar antes de actuar. En el mundo del espíritu los pensamientos y las acciones ocurren al mismo tiempo. Nuestra motivación como espíritus no es la ganancia física. No tenemos que vivir con un temor constante de haber dicho o hecho algo malo. Esos errores pertenecen al mundo físico. Ésta es una parte importante de la felicidad celestial.

— GLORIA —

Gloria se convirtió en espíritu recientemente. Yo estaba sentada delante del ordenador, trabajando, cuando sonó el teléfono. Aunque normalmente pongo el contestador automático y no escucho las llamadas hasta la noche, esta vez algo me hizo escuchar el mensaje. Era el hijo de Gloria, que me hacía saber que la vida de su madre estaba llegando a su fin y ella quería despedirse. Estaba demasiado débil para sostener el teléfono, de manera que su hijo lo sostuvo mientras hablábamos.

Había conocido a Gloria en Santa Fe en 1987 y se había convertido en una amiga cálida y generosa. Hacía tiempo que no se sentía bien y había intentado estar bien por todos los medios. Ahora era obvio que no había nada que hacer para prolongar su vida, así que estaba despidiéndose de las personas más allegadas. Su hijo, que era médico, había hecho todo lo médicamente posible para ayudar a su madre y ahora estaba tranquilo de que ella estuviera en manos de Dios.

—Por favor, Gloria, no tengas miedo. No estás sola –fueron las primeras palabras que salieron de mi boca.

—No tengo miedo, pero creo que no estoy preparada para partir hoy –dijo susurrando. Luego agregó–: Quería leer tu libro sobre la vida después de la muerte antes de irme.

—Sabes todo lo que necesitas saber, Gloria. Hemos hablado de esto en muchas ocasiones. Le pediré a Pluma Blanca, mi guía, que te acompañe. –Contuve mis ganas de llorar, deseando poder estar con ella.

—¿Haría eso por mí? –Parecía incrédula.

—Por supuesto, Gloria –agregué.

—Mary, ¿en qué debo pensar hasta el momento de hacer el tránsito?

—Gloria, tú eres una de las mejores personas que conozco. Has tenido una vida maravillosa. Debes pensar en la belleza que te está esperando en el mundo del espíritu. Piensa en las personas que están allí, a las que has estado echando de menos. Estarán esperándote en la frontera para recibirte.

Su hijo volvió a ponerse al teléfono, su madre ya no podía seguir hablando. Me dio las gracias y me dijo que su madre parecía estar en paz.

Me senté en silencio y le envié formas de pensamiento a mi guía, Pluma Blanca. Le pedí que acompañara a Gloria, ya que eso le daría una gran tranquilidad. Al sentarme en tranquila contemplación, le oí decir:

—Estoy con ella ahora.

Me invadió una poderosa sensación de calma. Gloria sentiría la presencia de Pluma Blanca y esto la ayudaría en su viaje. Nos conocíamos desde hacía mucho tiempo y Gloria conocía y respetaba a Pluma Blanca. Al comenzar la transición de la Tierra el espíritu empezaría a ver el otro lado. Entraría en el mundo del pensamiento de una forma suave y feliz.

⁂

Dos días después de la muerte de Gloria, Smitty, una querida amiga mía, una astróloga que vive en el valle de Napa, me llamó. Yo le había presentado a Gloria y a su hijo en una ocasión, y ella les había hecho lecturas astrológicas a ambos. Antes de que pudiera decirle a Smitty que Gloria había muerto, ella habló.

—Mary, ayer estuvo aquí un indio muy serio vestido de blanco. Sentí que era tu guía. Yo me encontraba con un cliente que está muy enfermo y la presencia del indio tuvo un poderoso efecto curativo.

Smitty no se sorprendió cuando le expliqué que Pluma Blanca había ido a California a ver a Gloria. Parece ser que visitó a dos de mis mejores amigas mientras permaneció ahí.

Visiones

La diferencia entre los sueños y las visiones es que para soñar hay que dormir, mientras que las visiones nos llegan tanto si estamos despiertos como si estamos dormidos. A mí las visiones me llegan de diferentes maneras. La pantalla astral es el vehículo de proyección. Las visiones llegan en ráfagas o a veces permanecen por más tiempo. No son siempre imágenes del otro lado; a veces muestran escenas de este lado. De esta forma, la naturaleza psíquica imparte conocimientos.

Estas visiones están compuestas de formas de pensamientos que me llegan a través de imágenes. Las formas del pensamiento pueden ser enviadas a través de palabras, imágenes o sonidos. El receptor tiene el don de sintonizar con estas vibraciones, como si fuese una radio.

Algunas visiones están en el ojo de la mente. Éste crea imágenes en el cerebro. Es un tipo de visión distinta, ya que no se proyecta en una pantalla que le dé vida fuera de la mente. Todas estas imágenes son el producto de formas de pensamientos. Estas formas pueden ser enviadas por alguien o yo puedo sintonizar con ellas por medio de la concentración.

Quién da y quién recibe los mensajes

Aquellos que viven en el mundo del espíritu no siempre están lo suficientemente cerca como para captar nuestros pensamientos. Mis maestros y aquellos que han contactado conmigo tienen un propósito cuando lo hacen: desean educar a otros enviándoles mensajes a través de mí.

Existen dos tipos de espíritus que pueden dar y recibir mensajes. Los primeros son aquellos que están muy desarrollados espiritualmente. «La vieja señora» y Pluma Blanca son ejemplos de este tipo de mensajeros.

El otro tipo son las almas que permanecen cerca de la Tierra. Existen diversas razones para permanecer en estas esferas: el alma podría estar conectada a amigos o familiares a través de pensamientos enviados debido a la pena, la rabia o el sentimiento de pérdida. Estas formas de pensamiento no le permiten al espíritu descansar en paz, ya que es perturbado por la tristeza de aquellos que no lo dejan partir.

— LUKE —

Un cliente, Luke, vino a una sesión con una profunda depresión. Había perdido a su mujer y no lograba superar la pérdida. La pena es normal y necesaria, pero Luke corría peligro de enfermar o sufrir un desequilibrio por su abrumadora desesperación. Había visto a un terapeuta y estaba asistiendo a las reuniones de un grupo de apoyo para aquellos que han perdido a un ser querido. No había encontrado ningún consuelo en ninguno de estos sitios. Un amigo le sugirió que tuviera una sesión conmigo.

Luke entró en mi apartamento, se sentó y se echó a llorar.

—Es que no sé cómo seguir adelante sin ella –dijo entre lágrimas.

Esperé unos minutos y después hablé.

—Luke, sé que te sientes muy vacío y solo, pero debes comprender que tu mujer no encontrará la paz si tú eres tan infeliz. Ella sentirá tus formas de pensamiento tristes y no hay mucho que ella pueda hacer por ti. ¿No quieres ayudarla? Sé que no es fácil, pero es un gran acto de amor dejar ir a aquéllos a los que amamos. Por favor, no me malinterpretes pensando que yo no siento tu dolor. Sólo quiero ayudar a tu mujer a descansar en paz.

Luke me escuchó y dejó de llorar por un momento.

—¿Es cierto eso de que mi mujer puede estar perturbada por mi tristeza? Pensé que cuando se iban todo terminaba.

—Luke, las formas de pensamiento tan poderosas como las tuyas pueden ser recibidas por el espíritu de tu mujer. Esto no implica que ella esté en la Tierra. El velo entre los dos mundos es muy fino. Un pensamiento poderoso puede atravesar este velo y ser recibido por un alma en el mundo del espíritu.

Luke permaneció en silencio por unos minutos y luego dijo:

—No te creo.

Su incredulidad era normal. A las personas les cuesta creer en aquello que no pueden ver con sus propios ojos. La tristeza hacía más intensa su ceguera. Su enfado y pérdida nublaban su fe.

Estaba observando a Luke, sintiendo una gran compasión por él, cuando sentí una presencia en la habitación. Una fresca brisa me alertó de que había un visitante del otro lado.

Vi en el ojo de mi mente a una mujer que parecía de unos cuarenta años, con una espesa cabellera pelirroja, sosteniendo una vela. Una voz un mi cabeza dijo claramente: «Luke, no estés triste. Tendré la vela encendida hasta que tú te unas a mí. Estoy bien y esto es más hermoso de lo que te puedas imaginar. No tengas esos pensamientos perturbadores, no te permitirán ser feliz. Me resulta muy difícil sentir alegría sabiendo que tú eres tan infeliz». La imagen desapareció.

Le transmití este mensaje a Luke, que estaba visiblemente conmocionado. Me dijo que su mujer siempre mantenía una vela encendida hasta que estuvieran los dos en casa. Había empezado como un ritual romántico y se convirtió en una costumbre. Luke recalcó el hecho de que nadie lo sabía.

—Luke, yo no te habría dado fe y la certeza de que tu mujer está viva como espíritu si ella no te hubiera enviado un mensaje sólo para ti. –Hice una pausa.

Entonces se puso paranoico.

—¿Cómo sabías eso?

—Es un don psíquico. Te ganaste el derecho a recibir un mensaje de tu mujer. Tus formas de pensamiento la trajeron hasta aquí hoy. Yo fui el conducto por el cual recibiste sus formas de pensamiento desde el mundo del espíritu. Es bastante simple, aunque a la gente le cuesta aceptarlo. No ha sido obra mía. Tu mujer decidió enviar el mensaje. Yo nunca intentaría atraer a alguien hacia la esfera de la Tierra, creo que es egoísta. Deberías estar agradecido. Poca gente tiene la suerte de recibir mensajes del otro lado. –Me detuve.

Luke se retiró de la sesión enfadado. No dejaba de preguntarme cómo sabía lo de la vela. Yo nunca había visto antes a este hombre y no podía recordar qué amigo me lo había enviado. He estado recibiendo clientes desde hace doce años y es imposible recordarlos a todos. Luke seguía pidiendo una explicación física para algo de naturaleza espiritual. No fue capaz de aceptar este encantador mensaje con gratitud.

Sentí lástima por él. Con unos hábitos de pensamiento tan pobres, su vida seguiría siendo difícil. Hice lo que creí necesario. Al menos ahora su mujer descansaría en paz. Mantendría la vela encendida en su corazón hasta que se reunieran otra vez. Entonces Luke obtendría las respuestas.

Cómo cambiar tu vida

Podemos reconstruir nuestro mundo cambiando nuestros pensamientos. En el mundo del espíritu nada importa excepto el poder del amor.

El cielo es el plano de la consciencia del amor construido con el pensamiento. Nuestro mundo está formado por nuestros pensamientos. El pensamiento positivo siempre tiene una cualidad sanadora. Estás construyendo formas de pensamiento que vivirán contigo cuando abandones tu cuerpo.

Aunque el karma dicte muchas de las circunstancias de nuestra vida, también hay muchas situaciones que podemos cambiar alterando nuestros pensamientos.

— VICKY —

Una clienta mía llamada Vicky vino a verme por tercera vez. Su última cita había sido un año y medio atrás. ¡Parecía otra persona! No la reconocí.

Había perdido veinte diez kilos, tenía un nuevo peinado y una nueva actitud.

Le comenté que parecía otra persona.

—¿Recuerdas la última vez que estuve aquí? –preguntó.

—Recuerdo que estabas muy deprimida y tenías sentimientos negativos y sin esperanzas y que te enfadaste conmigo.

—Me dijiste que dejara de sentir lástima por mí misma porque yo no tenía ningún problema que no tuviese solución. –Rio.

—Parece que seguiste mis consejos.

Vicky se marchó en aquella primera ocasión sintiéndose molesta y frustrada, pensando que yo era insensible ante sus necesidades. Le dije que debía cambiar su forma de pensar para poder cambiar su mundo. Debía dedicar unos minutos al despertar pensando en todas las cosas que debía agradecer. Esto le pareció increíblemente cursi, pero algo la hizo intentarlo.

Trabajó duro para cambiar sus pensamientos de autocompasión por unos de acción. Lentamente, su vida empezó a transformarse. Las cosas que antes le habían parecido muy difíciles empezaban a resultarle fáciles. Hacer un régimen, por ejemplo, siempre le había costado mucho, y ahora ya no. Empezó a pensar en ser buena con su cuerpo en lugar de estar constantemente maltratándolo con demasiada comida, y empezó a bajar de peso. Creó una pequeña frase positiva para sí misma: «Todo lo que es mío vendrá a mí. Debo ser la mejor persona que pueda ser hoy». Si las cosas se ponían difíciles, la repetía.

Vicky no sólo había perdido peso, sino que también había perdido peso espiritual. Había estado cargando con el peso de sus pensamientos negativos y ahora la carga se había aligerado.

Todo en su vida iba mejor. Estaba entusiasmada.

No había perdido el tiempo pidiendo cosas específicas, se había concentrado en ser la mejor Vicky posible.

❧

Cada uno de nosotros puede tener un efecto poderoso en su vida y en las de los que lo rodean desarrollando buenos hábitos de pensamiento. Estos hábitos morirán con nosotros y nos ayudarán a hacer el paso con facilidad.

> «Como un hombre piensa, así es él».
> Proverbios 23, versículo 7

Él nos enseñaba que nuestras vidas están profundamente afectadas por nuestros pensamientos. Somos la síntesis de nuestros pensamientos de esta vida y las anteriores. Nos encarnamos según los patrones de nuestras formas de pensamiento de vidas pasadas, y éstos forman la base para los acontecimientos de esta vida. No traemos los cuerpos ni las cuentas corrientes de otras vidas. Traemos únicamente el karma creado por nuestras acciones motivadas por hábitos de pensamiento. Nuestra persona es la suma total de nuestros pensamientos.

Llegamos al mundo del espíritu con el carácter que tuvimos en la Tierra.

En una ocasión le pregunté a Lorenzo: ¿cómo podemos prepararnos mejor para la transición al otro lado?

Esto es lo que me respondió:

—Te preparas para morir viviendo una vida de pensamiento correcto. Puedes prepararte para la muerte como deberías prepararte para dormir. Hay muy poca diferencia entre las dos

167

cosas. Cuando duermes, despiertas de este lado; cuando mueres, despiertas al otro lado.

»Para dormir bien uno debería liberarse de todo enfado o negatividad. Nunca te vayas a dormir hasta que hayas perdonado cualquier mal que te hayan hecho. Nunca te vayas a dormir sin dar las gracias por todas las alegrías de la vida. Antes de dormirte, observa tus pensamientos y concéntrate en cosas bellas. Este acto hará que despiertes refrescada. Tus pensamientos tienen una vida poderosa en el estado del sueño y este poder se intensifica durante las horas de vigilia.

—Si puedes dormir en paz, morirás en paz. Todo depende de cómo pienses sobre ello.

Capítulo 7

RECETA PARA LA TRISTEZA

Cuando mi amigo Nicky murió lloré mucho. Me alegró que ya no tuviera miedo ni dolor, pero lo eché mucho de menos. Durante al menos seis meses después de su muerte me encontraba cogiendo el teléfono para llamarlo y luego recordaba que ya no estaba aquí. Todos los que lo queríamos nos ayudamos mutuamente a superar la pérdida. Hablábamos de él y de lo que él había significado para nosotros. No suprimíamos nuestras emociones; a veces llorábamos juntos y a veces reíamos. Nicky nos dejó recuerdos maravillosos, muchos conmovedores y otros tantos cómicos. El tiempo ayudó a sanar el dolor de la pérdida.

La tristeza es una parte inevitable de la vida. A veces es dolorosa y no siempre es racional en su expresión. En ocasiones sentimos que nuestro período de pena ha culminado y luego vuelve sin previo aviso. La tristeza puede mostrar su rostro en el teatro o al oír una canción familiar. Meses después de la muerte de Nicky, su canción favorita apareció en la radio y la tristeza por la pérdida volvió a mí.

Nicky había pasado a mejor vida, pero había dejado un espacio vacío en la mía. Su hermana me envió uno de sus objetos favoritos, una pluma de oro. Nicky sabía quién era Pluma

Blanca y compró esta pluma como un reconocimiento respetuoso de su espiritualidad. Sostuve en mis manos este objeto que irradiaba la vibración de Nicky y lloré otra vez.

La pena es un maestro grandioso pero difícil. Es una batalla que debemos luchar. Podemos ganarla hablando, llorando, con el tiempo o ayudándonos unos a otros. Es un proceso que exige que reflexionemos sobre la temporalidad de la vida física. Nos concentramos para comprender que no podemos poseer a nadie y se nos pide que digamos adiós.

Mis lágrimas no eran por Nicky, eran por mi pérdida personal y por todos aquellos que lo echaban de menos.

Tenemos que darnos permiso de sentir tristeza. Si no expresamos nuestra pena, nuestro dolor y nuestro enfado, podemos deprimirnos. Si suprimimos nuestros sentimientos, éstos no se irán. Girarán sus furiosas cabezas, no importa con cuánta fuerza intentemos evitarlos.

«¡Oh, tiempo! tú debes desenmarañar esto, no yo;
es un nudo demasiado difícil de desatar para mí».
SHAKESPEARE, *Decimosegunda noche*

Cada persona necesita una cantidad de tiempo distinta para llorar una pérdida. Debemos ser pacientes con aquellos que sienten dolor. Nos sentimos tentados de decir: «Sigue con tu vida, ya has llorado durante mucho tiempo» cuando el proceso parece durar demasiado. Esta actitud frente al dolor de otra persona puede hacer que ésta se sienta más desesperada y sola.

Una pena excesiva puede ser difícil de contemplar, ya que la mayoría de las personas se sienten indefensas frente a la tristeza de un amigo. Lo evitan porque no saben qué hacer al respecto.

Escuchar a la persona que está llorando una pérdida siempre ayuda. La gente necesita hablar de su dolor para poder librarse de él. Debemos pasar un rato con nuestros amigos que están sintiendo el dolor de la tristeza. Puede ser que ellos no tengan las fuerzas para pedir ayuda, entonces tenemos que estar disponibles para ellos.

Se nos proporciona la gran oportunidad de servir a los demás estando ahí para ayudarlos a superar su tristeza. Nuestros amigos que están llorando la pérdida de un ser querido nos mostrarán cómo los podemos ayudar. Tenemos que ser sensibles a sus necesidades individuales.

Algunos amigos necesitarán que nos sentemos en silencio con ellos; otros necesitarán llorar o que los llevemos a cenar fuera. No tengas miedo de ofrecer tu ayuda. Tu amor y tu preocupación serán bien recibidos.

Una profunda y reverente creencia en la vida después de la muerte y en la reencarnación son los escudos más poderosos contra la tristeza excesiva. Saber que las personas cercanas a nosotros pueden ser perturbadas por nuestros patrones de pensamiento tristes debería impedir que nos aferremos al dolor por períodos muy prolongados de tiempo.

Todos echamos de menos a aquellos que amamos y desearíamos que estuvieran en la Tierra con nosotros. A todos nos cuesta despedirnos incluso cuando sabemos que no es para siempre.

La convicción de que la muerte no existe, de que sólo es un cambio de forma, hace difícil que nos aferremos a la tristeza por mucho tiempo. Sería como llorar desconsoladamente porque un amigo se ha ido de vacaciones por el resto de su vida.

Los dones que me permiten ver el otro lado y recibir mensajes de los que se han ido me han ayudado a mí y a otras personas a comprender el proceso de morir. Estos dones me han hecho perderle el miedo a la muerte, pero eso no me impide sentir emociones humanas.

Muchas de las personas que han fallecido han enriquecido mi vida. El recuerdo de sus vidas nunca se aleja de mí.

Hicieron del mundo un lugar mejor con su presencia. Intento que mi vida sea un tributo a ellos. Ayudo a mis amigos a realizar el tránsito como a mí me gustaría que me ayudasen. Lloro porque los echo de menos y después los dejo partir. Es un cumplido que te echen de menos, ya que implica que has tenido un efecto sobre la vida de otros, pero me rompería el corazón que alguien gastara tiempo y energías llorando por mi inmortalidad.

El acto de servir a otros es un gran tónico contra la tristeza. No podemos recuperar físicamente a aquellos que echamos de menos, pero podemos servir a su memoria ayudando a otros. Seguir adelante con nuestra vida no significa ser desleales a los que se han ido. Podemos ser fieles a la memoria de nuestros seres queridos mientras continuamos viviendo.

La muerte es una despedida temporal. Nos reuniremos con nuestros seres queridos. Debemos conservar viva la memoria de la gente que amamos a través de nuestra pasión por la vida. Cada momento en la Tierra es una oportunidad para ayudar a alguien.

— MIRIAM —

Miriam perdió a su marido y volvió a trabajar una semana después. Sus amigos decían que era demasiado pronto y la criticaron por ser desleal a la memoria de su marido. A Miriam no le importaron las habladurías. Recibió el mensaje de su marido, Lou, en un sueño.

—Fue tan real que cuando desperté pensé que Lou estaba en la habitación conmigo. Tuve el sueño como doce horas después de que se hubo ido. Estaba cubierto de luz y parecía muy feliz. Antes de morir había estado enfermo y ahora parecía gozar de una salud perfecta. Me dijo que había venido a ayudarme porque había sentido mi tristeza y mis lágrimas.

Me hizo saber que no era necesario que llorase por él, que estaríamos juntos otra vez en el mundo del espíritu. Me dijo que yo debía seguir viviendo la vida al máximo. No podía ser feliz sabiendo que yo estaba deprimida.

Esta experiencia convenció a Miriam de que podía continuar con su vida. No le preocupaba la opinión de sus amigos. La felicidad de Lou era lo más importante para ella. A través de este acto, también Miriam encontró la paz mental.

No nos permitas vivir ni morir lamentándonos

Esteban murió de cáncer. Cuando lo vi en el hospital estaba furioso, lamentándose por todas las cosas que había querido hacer y no había hecho.

—Trabajé doce horas al día para tener dinero para hacer cosas. Las iba a hacer en cuanto tuviera tiempo. Mis hijos me pedían que fuéramos de viaje, pero yo me negaba a coger vacaciones. Tenía terror de perderme una transacción importante en la bolsa de valores y perder dinero. ¿Por qué nadie me detuvo y me dijo que viviera el momento? Descuidé a mi familia porque mis objetivos eran el dinero y la posición social. Ahora tengo grandes cantidades de dinero y no me queda vida para gastarlo.

Estaba lamentándose por la forma en que había vivido.

— CINDY —

Cindy parecía muy deprimida cuando llegó a la cita. Su padre había muerto hacía un año y su dolor no disminuía. Lloró mientras me hablaba de su muerte.

El padre de Cindy se había vuelto a casar al poco tiempo de haberse divorciado de su madre. Aunque había sido un divorcio amistoso, Cindy no había sido capaz de perdonarle que hubiera roto el matrimonio. Su padre y su segunda mujer hicieron todo lo posible por demostrarle a Cindy que la querían, pero ella seguía furiosa y resentida. Era maleducada con su padre y con su nueva esposa. Cuando él se estaba muriendo en el hospital, ella se negó a verlo a pesar de que él se lo pidió en repetidas ocasiones. Ahora lamentaba su comportamiento y la consumía la culpa.

Estaba viendo a un terapeuta tres veces por semana, pero su culpa persistía. Su comportamiento se volvió autodestructivo. Empezó a beber en exceso y a faltar al trabajo. Mientras escuchaba a Cindy intenté hacerle ver la necesidad de perdonarse a sí misma. Lo último que su padre querría sería que ella sufriese por errores pasados. En el estado de felicidad en el que se encontraba él podía comprender el comportamiento de Cindy. Pero era difícil llegar a ella.

Estaba a punto de tirar la toalla cuando vi a Pluma Blanca de pie junto a Cindy. Llegó para ayudar. La pantalla astral bajó delante de mí y vi al padre de Cindy. Se lo describí detalladamente.

Había una cometa amarilla volando por encima de su cabeza. Él quería que le dijese a Cindy que la quería y que era perfectamente feliz volando su cometa amarilla. Recalcó que le daría paz que ella dejara ir la culpa. La imagen desapareció y Pluma Blanca partió.

Cindy estaba pasmada. La cometa amarilla era una que ella le había regalado a su padre por el Día del Padre el año anterior a que sus padres se divorciaran. Uno de sus recuerdos más felices era el día que ella y su padre pasaron haciendo volar la cometa. Este mensaje le confirmó que su padre estaba bien y que la quería. La ayudó a empezar a perdonarse.

Cindy vino a otra sesión un año más tarde. Con la ayuda de la terapia había podido dejar de odiarse a sí misma y la depresión había desaparecido. Había hecho las paces con la mujer de su padre e incluso descubrió que le caía bien. Cindy prometió que nunca más cometería el error de no decirle a una persona que la quería.

Todavía sentía tristeza por su comportamiento anterior, pero aquella intensa culpa había sido sustituida por la comprensión. Ya no sentía la necesidad de lamentarse por sus errores pasados.

⁂

Mucha gente vive en una lucha de vida o muerte por las ganancias materiales. La persecución de la riqueza se vuelve tan devoradora que no deja tiempo para la vida espiritual. Corremos por la vida, siempre con prisas, preguntándonos a dónde ha ido el tiempo.

¿Cuántas veces hemos oído la expresión «se mató trabajando»? Piensa en mi cliente Esteban, que murió de cáncer. Se había pasado la vida adquiriendo riqueza y poder y nunca tuvo un momento de descanso para disfrutar de los frutos de su trabajo.

Debemos trabajar para vivir, pero debemos pensar en el equilibrio. Nuestras vidas vuelan porque estamos demasiado ocupados para poder disfrutarlas. Ésta es la principal razón para la pena y los lamentos de muchos cuando están en el lecho de muerte. Estas personas están lamentándose por las elecciones que hicieron en su vida.

Cuando nos tomamos unas vacaciones tenemos tiempo para movemos con una gran calma. La vida nos parece más simple cuando no nos sentimos abrumados por las necesidades de la existencia diaria. Podemos divertirnos cuando no estamos en un estado de preocupación crónica. Saboreamos nuestras experiencias y la vida recobra parte de su misterio.

No debemos esperar para apreciar todo lo que la vida tiene que ofrecer.

— CLARA —

Mi amiga Clara, que murió de cáncer cerebral, dijo en su lecho de muerte: «No puedo creer cuánto tiempo desperdicié preocupándome por cosas que ahora me parecen sin importancia. Estaba desesperada por tener la aprobación de la gente y siempre estaba preocupada porque no tenía suficiente éxito. Descuidé mi salud porque no dejaba de trabajar ni siquiera el tiempo necesario para ir a hacerme un examen médico. Creía que el dinero y la posición social eran lo que me proporcionaría el respeto que deseaba. Ahora, al enfrentarme a la muerte, lloro por mi vida».

— DIANA —

Diana descubrió que tenía un cáncer inoperable. Los médicos le dieron seis meses de vida. Recibió la noticia con gran dignidad y decidió pasar el tiempo que le quedaba divirtiéndose. Diana era una adicta al trabajo que siempre veía difícil tomarse unas vacaciones. Únicamente al oír la noticia de su muerte inminente empezó a disfrutar de la vida, viajando por Europa y haciendo cosas que nunca había tomado tiempo para hacer. En retrospectiva, hubiera vivido la vida de otra manera.

—No hice otra cosa más que trabajar. Pasaba horas en la oficina y trabajando en casa por la noche. Debo haber sido un aburrimiento, sólo hablaba de trabajo. Por causa de esto, mi vida pasó volando. Nunca me tomé tiempo para divertirme o contemplar mis creencias espirituales. Ahora me arrepiento profundamente. Por favor, dile a la gente que el dinero y el éxito están bien, pero hay más en la vida. No esperes a estar muriéndote para empezar a vivir.

Me partía el corazón sentir el dolor que estas personas experimentaban en su lecho de muerte. Su dolor era consecuencia de elecciones que habían hecho en la vida. El trabajo es una parte importante de la vida, pero la pasión por el dinero y el poder nos deja con un terrible vacío.

❦

Poco tiempo después de la muerte de Diana tuve una conversación con Lorenzo sobre la tragedia de perderse la vida. Esto es lo que él dijo al respecto:

«Las ansias por acumular dinero dejan al hombre con poco tiempo libre para la diversión. El hombre moderno aprendería muchísimo estudiando a otras civilizaciones. Los antiguos atenienses, por ejemplo, vivían vidas simples y frugales. Estaban satisfechos con una vida que ahora parecería de pobreza. Pasaban una gran parte del tiempo al aire libre. Su vida social tenía lugar en la naturaleza; los juegos atléticos y las representaciones teatrales se hacían afuera. Las casas se utilizaban únicamente para comer y dormir. Se necesitaba poco esfuerzo y menos dinero para mantenerlas en orden, ya que no tenían muebles caros. Piensa en el tiempo y el dinero que gasta el hombre moderno amueblando y manteniendo sus casas. Los atenienses tenían buenos hábitos de ejercicio y comían con moderación. Disfrutaban del vino, pero no en exceso. Las conversaciones tenían lugar al aire libre, no alrededor de mesas llenas de comida y bebida. Estas costumbres les proporcionaban vidas largas y llenas de salud. Como sus necesidades físicas eran simples, necesitaban muy poco dinero. En las grandes obras que nos dejaron escritores como Eurípides, Aristófanes o Sófocles se hace evidente que amaban la literatura y el teatro. Sus obras eran producidas para el entretenimiento del público en general, no para un grupo selecto. Todos participaban de la política. Este estilo de vida les brindaba una gran cantidad de tiempo para acumular conocimientos. Es triste que el hombre moderno gaste casi toda su energía en hacer dinero para comprar cosas que no necesita. Una vida más simple es una vida más feliz».

⁂

Al recordar las palabras de Lorenzo pensé en Diana, mi clienta. Desgraciadamente, aprendió muy tarde en la vida que la acumulación de dinero no era la llave para la felicidad. Pasó la mayor parte del tiempo ganando dinero para comprar cosas que son temporales. Las cosas simples de la vida, como un paseo por el campo o una buena conversación con un amigo, no son caras. Desafortunadamente, la mayoría de la gente no aprecia este hecho hasta que está en el mundo del espíritu o cerca de él.

Lorenzo ayuda a una apenada madre

Una clienta mía perdió a su hija de doce años en un trágico accidente. Murió cuando iba en bicicleta atropellada por un automóvil. Docenas de amigos fueron a acompañar a la familia en su dolor. La pérdida de un niño es uno de los acontecimientos más dolorosos que pueden ocurrir en la vida de alguien.

Mi clienta, Marta, estaba inconsolable. Necesitaba amor, apoyo y tiempo. La herida era muy profunda y no existía ningún método rápido para superar la pena. Marta sufría de la culpa del sobreviviente. No podía comprender por qué ella estaba viva y su hija Beatriz muerta.

Debido a su pena, Marta perdió el deseo de vivir. Se sentía desesperanzada y creía que el dolor no se iría nunca. Su marido estaba muy preocupado porque sentía que ella estaba pensando en el suicidio. Él tenía su propia pena con la que lidiar,

178

pero había vuelto a trabajar y hacía deporte para disminuir la ansiedad. Marta no podía forzarse a hacer nada más que ir a la terapia una vez por semana. Su marido la acompañaba, pero la profundidad de su tristeza lo asustaba.

Durante este período de tiempo vi a Lorenzo otra vez. Estaba de pie junto a una tienda de tarjetas en el Village. Perdida en mis pensamientos, al principio no lo vi, entonces él se aclaró garganta. Levanté la mirada y vi su rostro sonriente. Caminamos unas cuantas manzanas y luego nos detuvimos para comer. Nos instalamos y pedimos sopa y ensalada. Le hablé a Lorenzo de mi preocupación por Marta. Mientras me escuchaba pude ver que comprendía el dolor de Marta.

—Ésta es una enorme prueba para tu amiga. Parece una prueba imposible. Es importante que la veas tanto como puedas. Las personas no deben estar solas con su pena. Deben hablar con gente sobre sus sentimientos. Solamente el tiempo y el conocimiento ayudarán a tu amiga a seguir adelante. Ella cree en la inmortalidad del alma, pero al enfrentarse a la realidad, su fe tambalea. ¿De qué sirven las filosofías si no podemos apoyarnos en ellas en tiempos de prueba?

»El amor verdadero no es posesivo. Creas el cuerpo de un niño, pero no su alma. No posees a tu hijo. Se te permite cuidar de tus hijos durante un período de tiempo y después están en manos de su propio karma.

»Marta no está preparada para dejar ir. Muy pocas personas son capaces de dejar ir a sus seres queridos, ya que es necesario tener una gran fe en la vida después de la muerte y una falta total de egoísmo. Tu amiga debe encontrar maneras de servir a otros. Esto es un gran tónico contra la tristeza. Hay que ayudarla a ayudar a otros; está demasiado agobiada para poder encontrar el camino sola. Tú, mi niña, puedes guiarla hacia el camino de servicio apropiado. Ella está perdida en su dolor y debemos mostrarle el túnel que conduce hacia la luz. Únicamente cuando ella pueda ayudar a otro necesitado disminuirá su tristeza. Al decir esto no estoy criticando su necesidad de llorar la muerte de su hija.

»¿No dijo acaso el gran Maestro «Benditos los que lloran, porque ellos serán consolados»?

»Me gustaría añadir: Benditos aquellos que sirven a los demás, porque ellos serán servidos. El servicio es la manera de consolar y ser consolados.

Nos despedimos fuera del restaurante. Mientras lo miraba alejarse, pensé en lo que había dicho. Tenía que pensar en una manera de ayudar a Marta a empezar a vivir de nuevo. Estaba tan abatida que no podía hacerlo por ella misma.

Estaba caminando hacia mi casa cuando encontré la respuesta. Sara, una chica joven que vive en mi barrio, me saludó. La miré y me di cuenta de que ella era la llave que ayudaría a Marta.

Era una encantadora chica de trece años que había perdido a su madre hacía dos años. Todos en el barrio la conocían y a todos nos apenaba muchísimo la pérdida que había sufrido. Su padre era un hombre maravilloso que le había dado a Sara el amor y la estabilidad necesarios para superar la muerte de su madre.

Le hablé a Sara de Marta. Me escuchó con una comprensión superior a la de una persona de su edad y dijo que le encantaría conocer a Marta. Así que inmediatamente arreglé una cita.

Fue difícil hacer que Marta me acompañase a casa de Sara. Fui tan vehemente que finalmente cedió a mi petición. Yo sabía que estaba haciendo algo arriesgado. Marta podría tener una reacción adversa al conocer a esta niña sin madre, pero recordé las palabras de Lorenzo: «Debes encontrar una manera de ayudar a tu amiga a ayudar a alguien» y procedí.

Llamé al timbre del apartamento de Sara y nos hizo pasar. Marta no tenía ni idea de lo que yo estaba haciendo. Entramos, las presenté y le conté a Marta la pérdida que Sara había sufrido. Marta no dijo nada. Sara se acercó a ella y la tomó de la mano. Era como si ella fuera la madre y Marta su hija. Condujo a Marta hasta el sofá y se sentaron. Sara la abrazó y le dijo que sentía mucho la muerte de su hija.

Marta seguía sin decir ni una palabra. Empecé a pensar que me había equivocado. Entonces, lentamente, Marta puso su mano sobre la cabeza de Sara y comenzó a acariciar su pelo. Sara reaccionó reposando la cabeza en su regazo. Marta se dejó ir y lloró. Sara le repetía una y otra vez que todo iría bien. Después de unos minutos Marta se secó las lágrimas y le preguntó a Sara cómo se sentía. Sara habló sobre su propia pérdida con Marta.

Lorenzo había ayudado a Marta con su gran sabiduría. Había que guiarla hacia alguna persona que la necesitase. Al principio Sara ayudó a Marta, luego los roles se invirtieron. Marta se encuentra mucho mejor. Ella y Sara son ahora grandes amigas. Echan de menos a sus seres queridos, pero juntas.

El cambio

La muerte produce un cambio para los que se van y para los que se quedan. El cambio es difícil para la mayor parte de nosotros, pero también puede fortalecernos. La naturaleza no nos permite estancarnos. Nos brinda la oportunidad de crecer a través del cambio. La muerte es el mayor cambio posible. Nos coloca en un mundo mejor, más tranquilo.

No siempre estamos preparados para el cambio, de modo que cuando sucede, nos coge desprevenidos. No debemos estar tan satisfechos con nuestras vidas que luego no nos podamos adaptar al cambio. Debemos aceptar la inevitabilidad del cambio y dar la bienvenida a las oportunidades que nos presenta.

— PABLO —

Pablo perdió a su mujer después de treinta años de matrimonio. Habían sido inseparables. Después de toda una vida de trabajo, él se retiró y estaba planeando hacer un viaje con su mujer. Justamente cuando los planes ya estaban hechos, ella enfermó y murió al poco tiempo. Todo el mundo de Pablo se vio alterado y él no supo cómo enfrentar el cambio.

Pablo nunca había intentado hacer amigos. No era una persona muy sociable. Su mujer le proveía de toda la compañía que necesitaba. A Pablo nunca se le había ocurrido que su vida podía cambiar. Ahora se le presentaba una prueba difícil.

Sorprendió a todo el mundo. Su hermano pensó que Pablo se acostaría a morir con su amada esposa. Mostró una faceta distinta: empezó a vivir cada día con pasión. Se unió a diferentes grupos y clubes y empezó a hacer amigos.

Tomó clases de arte y empezó a pintar, dos cosas que siempre quiso hacer. Aceptó la pérdida con dignidad y continuó viviendo. Me dijo que echaba de menos a su mujer; pensaba en ella todos los días, pero sentía que se volverían a encontrar. Mientras tanto, él estaba haciendo todo lo que podía para aceptar y dar la bienvenida a los cambios que la vida le había presentado.

— ELENA —

Elena nunca se recuperó de la muerte de su marido. Ya hace doce años que murió y ella todavía guarda su ropa en el armario y sus artículos de afeitado en el baño. Los amigos piensan que ir a casa de Elena es un poco escalofriante. Ella permanece encerrada en el pasado a pesar de todos los intentos de sus amigos de ayudarla a seguir adelante.

Llorar a los muertos durante un tiempo excesivo puede producir un desequilibrio mental. Elena vive obsesionada con la muerte de su marido. No la persiguen los espíritus, sino los recuerdos del pasado.

Se ha aislado y prácticamente no sale de casa. Esto es especialmente triste en una persona tan vital como Elena. Su incapacidad para enfrentarse al cambio le ha robado la felicidad. Es bonito guardar algunas cosas de los que se han ido; las fotos y otros objetos pueden ser cálidos y reconfortantes recuerdos de los que ya no están.

Está claro que Elena jamás comprendió que el mayor honor que les podemos hacer a los que han partido es continuar con nuestra vida.

Pablo fue capaz de aceptar los cambios que se presentaron con la muerte de su mujer. Elena se enterró con su marido. Su vida es un ejemplo de la infelicidad que nos creamos al vivir en el pasado.

El cambio no siempre es fácil, pero puede ser la forma en que la vida nos abre nuevas puertas.

Muere un gran maestro

Un domingo sonó el teléfono a las seis de la mañana. La voz de Lorenzo me sorprendió. Me informó que estaba enviando un chofer a buscarme en una hora. Su voz tenía un tono serio que nunca antes había oído. Me dijo que *sir* William estaba muriendo y que había pedido verme.

—Cuánto lo siento, Lorenzo. Estaré lista en una hora.

Vi el rostro de *sir* William mientras me vestía. Recordé que cinco años atrás había estado con él en la ciudad oyendo algunas de sus composiciones musicales. Este gran hombre tenía una especie de santidad y siempre me sentí muy feliz en su presencia. Lo que enseñaba poseía mucha sencillez:

«La gente sufre porque no ha aprendido a pensar correctamente. Los pensamientos deben enfocarse en la compasión y la comprensión. El ser superior que existe dentro de cada uno de nosotros no es controlado por nuestros deseos personales. Existe una gran nobleza en aprender a olvidarnos de nosotros mismos. La vida más grande que un hombre puede vivir es una vida motivada por el deseo de servir a la humanidad».

Miré el reloj y vi que había pasado una hora. Corrí hacia la entrada de mi edificio y vi que había un coche esperando. Llegó a la casa rápidamente.

Lorenzo me recibió en la puerta. Era la primera vez que lo veía cansado. Tenía una tranquilidad que no era de este mundo y parecía estar en un estado semimeditativo.

Me explicó que *sir* William sufría de un problema en la sangre que era el resultado de una situación kármica pasada. A pesar de que ésta sería su última encarnación con problemas físicos, la situación actual no podía ser evitada. Lorenzo me contó a continuación que había estado con su maestro durante estos últimos siete días y que sabía que el final estaba muy cerca.

—Ya no es necesario que permanezca en su cuerpo físico. Está listo para abandonarlo. Lo echaré de menos en la forma física, pero su espíritu estará en contacto conmigo en cuanto hay descansado un tiempo. Me alegra que le haya llegado el momento de partir hacia su verdadero hogar. Sólo espero que esté lo más cómodo posible al hacer el tránsito.

Recordé que Lorenzo era médico. Su fatiga se debía a que había estado cuidando de *sir* William. Amaba a su maestro y quería servirle hasta su último momento en la Tierra. Estas dos grandes almas habían estado meditando juntas, por eso Lorenzo tenía un aspecto un poco como de otro mundo. Me dijo que esperase unos minutos en la biblioteca y se fue a atender a su maestro.

Me instalé junto a la ventana de la biblioteca para contemplar las majestuosas montañas que rodeaban la hermosa propiedad de *sir* William.

La primera vez que visité esta casa, Lorenzo y yo experimentamos un hermoso *deva* (ángel) de montaña cuando estábamos de excursión por los alrededores. Esta presencia angélica vive en la cima de las montañas y es de una fuerza y una sensación de belleza indescriptibles. Lorenzo me había dicho que experimentara este hermoso *deva* permaneciendo en silencio. «Si miras con detenimiento, podrás ver a esta fuerza. Sin duda podrás sentirla si permaneces en silencio durante unos momentos».

Me alejé de la ventana, cerré los ojos y me volví una con el silencio. Sentí como si, una vez más, fuera tomada en brazos por una serena fuerza dévica. Sentí una libertad y una felicidad intensas. Abrí los ojos y vi que una luz dorada inundaba la biblioteca.

Lorenzo vino hacia mí y permaneció un momento a mi lado. Respiré profundamente y lo miré a los ojos. Parecía muy tranquilo y feliz.

—Ha llegado el momento de despedirse –dijo, y me llevó hasta su maestro.

Entré en la habitación en la que *sir* William descansaba. Respiraba con dificultad, pero esto no parecía afectar a su estado de ánimo.

—He estado esperándote, mi niña, para despedirme. Aunque no nos hemos visto en muchas ocasiones en esta vida, te he conocido en vidas anteriores.

A continuación me dijo algunas cosas personales que yo debía tener en cuenta. Puso énfasis en que Lorenzo estaría ahí si yo lo necesitaba. No debía preocuparme por las cosas de la vida que no eran importantes. Debía limitarme a hacer siempre lo mejor que pudiera en cualquier circunstancia que la vida me presentara.

Luego me dijo que me sentara junto a él por unos momentos. Estaba demasiado cansado para seguir hablando. Lorenzo entró en la habitación y los tres permanecimos sentados en silencio. La vibración que había en la habitación era tranquila y hermosa. En ese momento no sentí deseos de llorar. *Sir* William parecía feliz, como si estuviese a punto de realizar un viaje maravilloso. Lorenzo contemplaba reverente y sereno a su querido maestro.

Entonces oí un órgano a lo lejos. Supe que venía del otro lado. Lorenzo me miró y asintió. *Sir* William parecía dormir.

Las palabras del maestro Jesús: «Cuando dos o más se reúnan en mi nombre, estaré ahí entre ellos» pasaron con claridad por mi mente.

Éste fue un acontecimiento sagrado, y pude ver y sentir a los visitantes del mundo del espíritu. Pasaron unos minutos más y entonces *sir* William emitió un profundo suspiro. Se dejó ir y partió hacia su hogar.

La muerte es un renacer a la vida del espíritu. *Sir* William descansaría y luego empezaría a ayudarnos desde el otro lado de la vida.

Miré a Lorenzo y me puse a llorar. No eran lágrimas de tristeza, sino de gratitud por haber tenido el privilegio de conocer a este gran hombre, *sir* William, en su vida y en su muerte.

ÍNDICE

Entre la muerte y la vida, que aporta consuelo a las personas temerosas y confirmación a las curiosas, examina los distintos niveles de existencia en los reinos espirituales a través de los testimonios de las vidas pasadas de cientos de personas, tal y como le fueron revelados a Dolores Cannon, autora de numerosas publicaciones, regresionista a vidas pasadas e hipnoterapeuta de prestigio internacional.

¿Qué sucede en el momento de la muerte? ¿Dónde vamos después? ¿Sobrevive nuestra personalidad tras la muerte? ¿Cómo se responde por las buenas y malas experiencias en la vida? ¿Cuál es la finalidad de la existencia?.

Éstas son preguntas que todos nos hacemos siempre. Y nadie está mejor cualificado para proporcionar respuestas razonables que Dolores Cannon. Durante cuarenta años de rigurosa investigación, la muy respetada y experimentada terapeuta estadounidense especializada en regresiones a vidas pasadas ha acumulado una gran cantidad de información fiable sobre la experiencia de la muerte y de lo que hay en el más allá.